AF321748

R
3066

COMPTE RENDU

DES

FÊTES CINQUANTENAIRES

de la Fondation du Pensionnat des Frères de Reims

ET DE LA

19e RÉUNION GÉNÉRALE DE L'ASSOCIATION AMICALE

DES ANCIENS ÉLÈVES

REIMS

IMPRIMERIE DE L'ARCHEVÊCHÉ (N. MONCE, Dir.)

Rue Pluche, 24.

—

1895

COMPTE RENDU

DES

FÊTES CINQUANTENAIRES

de la Fondation du Pensionnat des Frères do Reims

ET DE LA

19ᵉ RÉUNION GÉNÉRALE DE L'ASSOCIATION AMICALE

DES ANCIENS ÉLÈVES

REIMS

IMPRIMERIE DE L'ARCHEVÊCHÉ (N. MONCE, Dir.)

Rue Pluche, 24.

1895

COMPTE RENDU DE LA 19ᵉ RÉUNION GÉNÉRALE

ET DES

Fêtes du Cinquantenaire de la fondation du Pensionnat

23 JUIN 1895

> « Il n'y a rien de plus vivant dans le
> présent que le passé. »   NISARD.

« Au Cinquantenaire! » Tel avait été, à la fin de la réunion de 1894, le mot d'adieu.

Ce jour-là, M. le Président de l'Association nous avait convoqués, de la part du Cher Frère Victor, pour les fêtes jubilaires de notre cher Pensionnat. Malgré des empêchements de nature diverse, trois cent quatre-vingts anciens élèves se trouvaient, le 23 juin dernier, fidèles au rendez-vous.

Inoubliable journée, qu'honorèrent de leur sympathique présence Son Éminence Mgr le Cardinal Langénieux, archevêque de Reims, et Sa Grandeur Mgr Pagis, évêque de Verdun. Ils avaient désigné dès longtemps leur place à cette fête de notre Pensionnat, par tant de marques de paternel intérêt qu'ils lui ont prodiguées.

Un Cinquantenaire! — Pour les témoins de la prospérité d'une œuvre divine, c'est à la fois un enseignement et un acte de justice, de se reporter par la pensée vers les jours disparus, de rendre hommage aux ouvriers de la première heure, et de chercher, dans leur obscur dévouement, l'explication de la fécondité de leurs travaux et la condition de la perpétuité de leur institution.

Cinquante ans! Pour un homme, c'est le sommet d'où il plane sur tout ce qu'il fut, et probablement sur tout ce qu'il sera. C'est la ligne de faîte qu'il ne dépassera pas. Il a parcouru plus de trois fois ce que Tacite appelle « une grande période de la vie », et le temps l'a déjà marqué pour les prochaines défaillances. Pour les fondations religieuses, cinquante ans, c'est la victoire sur les pénibles difficultés du début, l'élan dans la carrière, et, par la fidélité au mouvement primitif, l'ascension vers le mieux.

Fidélité aux traditions, progrès par le perfectionnement dans l'application des principes invariables, voilà le secret du renouvellement de la jeunesse pour les grands Instituts. Là, les nouveaux venus ne s'empressent pas de tout modifier, comme des souverains récemment intronisés qui se hâtent de marquer à leur effigie la monnaie du royaume ; ils gardent avec un soin jaloux et intelligent l'héritage reçu, persuadés que les mutations injustifiées sont le plus sérieux obstacle à la marche en avant.

Le respect des traditions domine en effet l'histoire du Pensionnat de Reims depuis 1845. Quatre Directeurs se sont succédé ; mais si le capitaine a été changé, le pavillon est resté le même, et l'équipage, les yeux fixés sur le même point, n'a point dévié de route.

Les traditions, les vieux souvenirs, voilà donc ce que nous venions si cordialement et joyeusement fêter le 23 juin dernier.

Ils étaient là, les vénérables anciens, nos chers maîtres d'autrefois, témoins et gardiens de ces traditions.

Le Très Honoré Frère Supérieur général de l'Institut des Frères, par une de ces délicatesses dont il est coutumier, avait voulu nous procurer la joie de revoir, au Cinquantenaire, nos chers anciens Professeurs dispersés. C'est ainsi que, le samedi 22 juin, arrivaient à la rue de Venise :

Le Cher Frère Almyr, qui, avec le vénérable Frère Arateur, avait assisté à la fondation de la Maison.

Les Chers Frères Léonce, directeur du Pensionnat de Longuyon ; Ambroise (Ambroisin), directeur du Pensionnat de Tours ; Benoît, directeur du Pensionnat de Lille ; et Eugénien, ancien sous-directeur du Pensionnat de Reims ;

Les Chers Frères Alvard, Étienne, Prosper et Apronien, directeurs de Communautés de Reims ; Auguste, directeur du Pensionnat de Chauny ; Émile, directeur de Mézières ; Émile-Louis, directeur d'Ay ; Arthémis, directeur de Witry-le-François ; Bonal, directeur de Saint-Quentin, et Arsinien-Polycarpe, directeur d'Étain ;

Le Cher Frère Eugène, notre ancien sous-directeur, et aujourd'hui sous-directeur du Pensionnat de Passy, à qui l'Association et le Pensionnat ont voué un souvenir reconnaissant si mérité ;

Les Chers Frères Apollo-François, de Lille ; Arcadius, de Passy ; Archange, de Rouen ; Agabus, de Longuyon ; Léonce et Argénis, de Chauny ; Adax, de Château-Thierry, et Victor, de Saint-Dizier, anciens élèves ; Birin, de Paris ; Aristonis, de Troyes ; Aristarque, de Sedan ; Apollo-Louis, de Verdun ; Louis, de Châlons ; Arèse, de Château-Thierry, etc., nos anciens professeurs (1).

Ces représentants des différentes époques du Pensionnat se retrouvaient dans une même pensée joyeuse, heureux de se revoir et d'accueillir les anciens élèves depuis longtemps quittés.

(1) A ceux qui n'ont pu se rendre à l'invitation du Très Cher Frère Victor, en particulier aux Chers Frères Edmond, de Saint-Omer ; Alphonsis, de Smyrne ; Asclépiades, de Soissons ; Apollone, de Longuyon, et Ansevin, de Nancy, nous voulons que ce *Bulletin* porte, avec nos regrets, nos meilleures et respectueuses amitiés.

La décoration de la maison est magnifique et d'un grand goût : arc de triomphe, peintures décoratives, écussons et oriflammes, drapeaux et tentures ornent les cours. C'est la parure des grandes fêtes, telle qu'en 1880, au second Centenaire de la fondation de l'Institut des Frères, ou en 1888, lors de la béatification de J.-B. de La Salle.

L'arc de triomphe de la cour d'honneur, gracieux morceau de style roman, porte les noms des quatre religieux qui ont dirigé le Pensionnat, les regrettés Frères Adorateur, Renaux et Bajulien dont le Très Cher Frère Victor est, depuis douze ans, le successeur. Sur le bandeau se lit cette inscription : « *Gaudeamus in Domino diem festum celebrantes*. Réjouissons-nous dans le Seigneur en ce jour de fête », que surmonte un ange aux ailes éployées, et portant, sur une banderole, les dates *1845-1895*. Au-dessus de cette porte triomphale, trois grands panneaux dus, comme tout l'ensemble de la décoration, au pinceau du Cher Frère Arille ; ils représentent, l'un le Sacré-Cœur bénissant la maison, et les deux autres, les armes du Cardinal de Reims et de l'Évêque de Verdun.

Le samedi soir, 22 juin, à sept heures, la fanfare accueille joyeusement Sa Grandeur Mgr Pagis, à qui un élève de la première classe souhaite la bienvenue. Monseigneur est assis au perron d'honneur, tout rayonnant de la joie de se retrouver à Reims. Après quelques mots bienveillants, réponse directe aux paroles qui lui ont été adressées, la pensée de Monseigneur s'élève pour embrasser l'Église et la France. Il salue l'Institut des Frères, dont l'action lui apparaît, dit-il, « comme la suprême ressource de la patrie. Non, un pays ne peut mourir tant qu'il comprend de tels dévouements et compte tant de jeunes gens fidèles à l'éducation donnée par de tels maîtres ».

Nous retrouvons chez Mgr Pagis l'orateur à la parole chaude et vibrante que nous connaissons ; malgré les désolants symptômes de la situation actuelle, il tressaille toujours à l'espérance des grands lendemains.

Après la réception, un dîner intime réunit autour de Mgr de Verdun tous les anciens Professeurs du Pensionnat. Douce et cordiale soirée de famille, qu'aucun d'entre eux n'oubliera !... Les vieux souvenirs jaillissent de toutes les mémoires ; chacun revit son passé regretté, et, — chose rare parmi les hommes, — loin d'écraser le présent sous la louange des âges disparus, tous applaudissent aux progrès accomplis dans la chère Maison de la rue de Venise. A eux s'applique sans doute le « *sic vos non vobis* » du poète : n'ont-ils pas travaillé avec un complet désintéressement, s'oubliant eux-mêmes pour l'œuvre à promouvoir ? Comme les coureurs antiques, ils ont passé le flambeau à d'autres mains ; mais souvent, ils se sont retournés vers le stade témoin de leurs premiers travaux et ils se sont réjouis des victoires remportées par leurs successeurs.

« En souvenir de notre première communion, disait la lettre d'invitation du Comité, nous avons demandé que fût organisée au Pensionnat une messe de communion spéciale aux Anciens Élèves. »

Le dimanche 23 juin, dès six heures du matin, nous arrivions à la chapelle, où des confesseurs s'étaient mis à notre disposition. Nous avons vu de nos plus anciens camarades, ceux qui s'étaient assis à la sainte Table pour la première fois en 1847 et 1848, pleurer de joie à cette touchante cérémonie. Nos professeurs étaient là, et, comme autrefois, ils nous accompagnaient au Banquet divin, où ils ont puisé, eux, le courage d'une immolation sans cesse renouvelée à la jeunesse, et nous, la force dans les luttes morales et les relèvements du repentir. Une quarantaine d'Anciens n'ayant pu arriver pour la messe de sept heures et demie, la sainte communion fut distribuée quatre fois : « Volontiers disait un vénérable ecclésiastique, je l'aurais donnée toute la matinée. Cette communion des fêtes cinquantenaires de Reims demeure l'un des plus consolants souvenirs de ma vie sacerdotale. »

Après le déjeuner, et en attendant la réception de Son Ém. Mgr le Cardinal, nous sommes tout entiers aux anciens Professeurs et aux camarades. Le soleil brille au ciel, la fleur dans les parterres, et la joie dans les âmes. Que d'agréables surprises ! Tels n'ont pas été revus depuis dix, quinze, vingt ans. Si le temps, ce vrai Parthe, les a frappés d'une ride en fuyant, il leur a laissé au cœur la fraîcheur des liaisons d'enfance. Joie ineffable de ces rencontres, charme de ces subites évocations qui, du plus lointain de notre mémoire, ranimaient les faits et les personnes depuis longtemps éloignés, et des émotions que rien n'a pu faner !

Sans doute, des camarades de la première génération, il ne survit qu'un petit nombre de vétérans clairsemés, comme les médaillés de Sainte-Hélène ; mais combien gais et gaiement accueillis ! Les Chers Frères Almyr et Arateur, Léonce et Ambroise, Adolphus et Alvard, ont vécu ici les jours de Bethléem : ils ont connu la gêne et les difficultés de toutes sortes, les anxiétés sur l'avenir possible de la fondation, la joie aussi des fortes amitiés, retrouvées fidèles après quarante-cinq ans. Autour d'eux se groupent les *doyens* de notre réunion : MM. Ch. Rivière, Boulon, Docteur Harman, Louis Dubois, Colmart, G. Fagot, etc., etc..., élèves de 1845 à 1847. Nous faisons fête au Cher Frère Gelvasius, de Beauvais, *le premier élève du Pensionnat,* et au Cher Frère Benoît, notre camarade de 1852. Nos « vénérables » ne sont-ils pas, en effet, les rois de la fête ?

« A un moment, disait le bon Frère Ambroise, j'ai compté plus de quarante de *mes Anciens* autour de moi ; et, comme si le cœur avait subitement stimulé ma mémoire, les noms et les prénoms me venaient aux lèvres. »

Combien ils eussent été heureux, à une telle réunion, les

Chers Frères Adorateur et Jules, Renaux, Agabus et Bajulien !

C'est aux Chers Frères Victor et Eugène, Étienne, Apollo et Auguste, etc., que vont les générations du Pensionnat « d'après la guerre ». Dans ces groupes, on n'accuse que trente-cinq à quarante ans ; cependant, on dirait que la poivrière et la salière se sont mêlées dans quelques barbes, et déjà il a neigé sur plusieurs têtes.

Ailleurs, le Pensionnat d'hier, les adolescents parés de leurs frais dix-huit ans. Les beaux espoirs fleurissent les verts rameaux de leur printemps, et devant eux, la jeunesse ouvre ses horizons illimités.

Heureux instants d'intimité, délicieux épanchements ! Dans ces regards paternels de nos Maîtres, quelles vibrations et quelles caresses d'âme ! Ils nous ont suivis dans le monde, comme on protège contre le vent une lumière vacillante ; pour nous, ils ont craint et prié, et voici qu'ils tressaillent en nous retrouvant. A chacun, ils adressent le mot personnel qui pénètre jusqu'à l'intime : des consolations à ceux qu'a visités la souffrance ; des encouragements à ceux qu'effraie la difficulté, des conseils affectueux à tous.

Nous entrons au parloir pour y signer l'adresse du *Livre d'Or du Cinquantenaire*, qui doit perpétuer le souvenir de la réunion d'aujourd'hui et de notre reconnaissance envers notre Professeur.

A neuf heures et demie, M\ le Cardinal, accompagné de M\ l'Évêque de Verdun et de NN. SS. Péchenard et Cauly, fait son entrée dans la cour d'honneur, où nous sommes réunis. Les vibrantes claironnées de la fanfare résonnent joyeuses, les applaudissements se prolongent. Lorsque Son Éminence et M\ Pagis ont pris place aux fauteuils préparés sous l'arc de triomphe, le Très Cher Frère Victor lit la belle adresse suivante, où se trouve si nettement indiqué le vrai caractère des fêtes du Cinquantenaire :

ÉMINENCE,
MONSEIGNEUR,

Les œuvres humaines, parce qu'elles n'ont pas les promesses d'une vitalité indéfinie, célèbrent de joyeuses fêtes cinquantenaires comme une victoire sur le temps, leur ennemi. Pour ces œuvres, c'est au fond, bien qu'inavoué et inconscient, comme un étonnement de se sentir vivre encore, malgré tant d'obstacles qui se sont opposés à leur marche initiale, l'ont fait dévier vers des directions imprévues.

Il n'en va pas de même, ni de l'Église, ni des Instituts religieux auxquels Elle communique son inépuisable fécondité. Là aussi, on connaît les solennités jubilaires, mais ce sont des fêtes religieuses ; là aussi, on se réjouit en contemplant le chemin parcouru, mais la joie fait monter vers Dieu un hymne de reconnaissance et d'amour.

Que de motifs, pour nous, ÉMINENCE, MONSEIGNEUR, à un triomphant *Te Deum !* En 1845, sous le généralat du Très Honoré Frère Philippe, et le Pontificat de M₉ᵣ Gousset, le Pensionnat de Reims, après des tentatives diverses, se relevait de ses ruines, et l'étincelle d'espoir, 52 ans cachée, rallumait le foyer.

C'était le grain de sénevé que les ouvriers de la première heure, ces vaillants que conduisait le Frère Adorateur, et dont deux sont aujourd'hui présents, jetaient dans le sillon fécondé de leurs sueurs, et que les bénédictions célestes devaient conduire à son plein développement.

Cinquante ans ! Pour le Pensionnat, c'est la chaîne ininterrompue des bienfaits de l'Église ; c'est le haut patronage de Pie IX et de Léon XIII, du Cardinal Gousset et de M₉ᵣ Landriot ; c'est votre protection puissante, c'est votre affection paternelle, ÉMINENCE, épanchées sur nous avec tant d'effusion qu'elles seraient capables de faire naître l'envie, si dans le cœur d'un grand Cardinal il n'y avait place pour tous ses enfants.

Cinquante ans ! C'est la glorieuse sympathie de tant d'Évêques que vous avez conduits vers cette maison : c'est l'amitié de ce vénérable Évêque de Verdun, initiateur avec Votre Éminence du culte de Jeanne d'Arc, et toujours acclamé, désiré parmi nous. C'est enfin le concours dévoué du Clergé rémois, héritier du zèle et des vertus du Chanoine de La Salle.

Cinquante ans ! De la part des Maîtres, c'est le dévouement, l'oubli de soi, dans les obscurs et féconds labeurs de la fondation ; c'est le respect des traditions, sous le gouvernement des sympathiques et regrettés Frères Renaux et Bajulien ; c'est la prière de tous les instants ; ce sont les sollicitudes et les angoisses, les projets désintéressés, et enfin, la mort à la tâche de ces Frères bien-aimés qui ne jouissent pas avec nous aujourd'hui, mais qui contemplent et bénissent, du haut du ciel, l'œuvre à laquelle ils ont consacré leur vie.

Cinquante ans ! De la part des familles rémoises, c'est la confiance qui nous honore, qui a préparé et accompli tous les succès !

Cinquante ans ! Pour les générations successives d'anciens élèves, c'est la reconnaissante affection aux Maîtres d'autrefois ; le souvenir fortifiant d'une enfance pieuse ; le remords peut-être, salutaire évocation des joies de la première Communion.

Cinquante ans ! C'est enfin le gage des succès apostoliques de l'avenir. C'est la joie paternelle de Votre Éminence et de notre bien-aimé et Très Honoré Frère Joseph, supérieur général ; car c'est l'espérance malgré tout, par la confiance absolue et l'abandon de notre destinée entre les mains de Celui qui n'éprouve que pour fortifier et consoler.

Toutes ces pensées qui se pressent dans nos âmes, nous vous les confions, ÉMINENCE, MONSEIGNEUR, afin que, par votre ministère sacré, montent vers Dieu nos prières reconnaissantes, nos protestations d'absolu dévouement et le cri de nos invincibles espérances.

Son Éminence et Monseigneur de Verdun embrassent avec effusion le Cher Frère Victor : « Je veux, dit Monseigneur le Cardinal, que l'on sache combien je vous aime, votre vénéré Supérieur général, vous, mon cher fils, et votre Maison.

Son Éminence continue en ces termes :

Ainsi que vient de nous le dire le Frère Victor, c'est donc un cri de reconnaissance que nous ferons monter aujourd'hui vers Dieu.

Est-il objet plus digne de gratitude ?

Qu'a produit, depuis cinquante ans, l'Institut des Frères, par cette chère Maison de Reims ? Il a répandu, dans toute cette région, les illuminations de la foi, les énergies du patriotisme. Il a donné aux familles des chefs chrétiens; au cœur des enfants, il a déposé l'amour et le respect du devoir. N'est-ce pas l'œuvre des œuvres?

Parents, Maîtres, Élèves, Membres de l'Association amicale, unissons-nous à Jésus-Christ, qui va s'offrir à la Sainte Messe, dans une commune pensée de reconnaissance.

Que l'œuvre de cinquante ans se poursuive et se développe! Que les actions de grâces que nous allons rendre à Dieu nous méritent les énergies pour être fidèles au passé! ·

Anciens, je vous salue avec un cœur reconnaissant; c'est vous qui portez le drapeau du Bienheureux de La Salle. Vous avez chacun votre pierre dans l'œuvre que nous fêtons ici. Puissiez-vous, bénis de Dieu, porter partout l'amour de son nom, et contribuer ainsi au relèvement d'une société qui se disloque, parce qu'elle a rejeté Jésus-Christ, pierre angulaire et ciment de tout édifice surnaturel.

Immédiatement, la chapelle est comme emportée d'assaut. Les élèves occupent les tribunes, et les Anciens, — près de quatre cents bien comptés, — remplissent la nef déjà envahie par les familles des amis du Pensionnat.

Pendant la sainte Messe, que célèbre S. G. Mgr Pagis, assisté de M. le Vicaire général Landrieux et de M. le chanoine Hannesse, anciens élèves du Pensionnat, le R. P. Argant, de l'ordre de Saint-Dominique, prononce un discours dont voici l'analyse :

Stude sapientiæ, fili mi, et lætifica cor meum : ut possis exprobranti respondere sermonem.

Mon fils, étudiez la sagesse et réjouissez mon cœur, afin que vous puissiez répondre à tout reproche.

(Prov. xxv, 11.)

Éminence,
Monseigneur,
Messieurs,

Pour tout homme, comme pour Jacob, « les jours du pèlerinage terrestre sont courts et mauvais ». C'est le sort de tout ce qui se rattache à cette vie périssable. Mais il en est autrement des œuvres où l'Église catholique a fait passer quelque chose de sa profonde et indestructible vitalité. Telle est assurément l'œuvre qui nous réunit aujourd'hui, pour la fête de son glorieux cinquantenaire.

Jubilemus Deo ! Chantons à Dieu notre joie ! Que notre cœur lui dise la reconnaissance que mérite un demi-siècle d'admirable bénédiction répandue sur cette école chrétienne. Que nos actions de grâces attirent des faveurs nouvelles. Elle en est digne, car elle a été jusqu'ici et restera toujours une école où un grand nombre de jeunes Français viendront apprendre la vraie sagesse, afin de réjouir les cœurs qui les aiment, et de faire à tout injuste reproche une réponse victorieuse : *Stude sapientiæ fili mi, et lætifica cor meum ; ut possit exprobranti respondere sermonem.*

ÉMINENCE,

Je regretterais de n'avoir à mon service qu'une parole sans autorité, si je devais compter sur elle pour vous exprimer aujourd'hui ce qui est dans tous les cœurs.

Mais les œuvres parlent, et avec une éloquence singulière :

Œuvres diocésaines, qui vous doivent leur naissance ou leur progrès, et, dans tous les cas, une prodigieuse fécondité; Œuvres de l'Église de France, qui ne pouvaient trouver un interprète plus éclairé, ni un défenseur plus intrépide; Œuvres intéressant l'Église universelle, que la confiance du Souverain Pontife a plus d'une fois remises entre vos mains, comme ne pouvant en choisir de plus capables ni de plus habiles.

Les siècles, en ramenant les premières épreuves de l'Église, font aussi revivre ses premiers défenseurs.

Nous saluons avec une admiration toute particulière la douce et noble figure d'Ambroise : Ambroise, à la voix harmonieuse, à l'éloquence communicative, au cœur vaillant, au courage invincible. Puisse Votre Éminence, combattant pour la même cause, avec les mêmes armes, remporter les mêmes triomphes !

Et vous, MONSEIGNEUR, l'apôtre infatigable et toujours éloquent de la Vierge héroïque et sainte qui restera comme la plus pure incarnation de la Religion et du Patriotisme, votre place était marquée, en ce jour de fête, dans une maison où l'on s'efforce de former de bons chrétiens et de bons Français.

I.

« *Stude sapientiæ, fili mi,* Mon fils, étudiez la sagesse. »

Jamais on n'a autant parlé de philosophie, de science, de sagesse, et jamais la réalité des choses n'a donné à de pareilles prétentions un plus triste démenti. Loin de nous la pensée de nier ou de dénigrer les vrais et légitimes progrès. Au lieu d'être opposée, comme on l'en accuse injustement, aux investigations de la raison et aux conquêtes de la science, l'Église les a toujours encouragées et bénies. N'est-ce pas la science qui, trop souvent, s'abaisse et se condamne elle-même ? Un païen a défini la sagesse : « La connaissance des choses divines et humaines et des causes d'où elles procèdent ». Quelle leçon pour tous ces prétendus sages, qui suppriment volontairement, et d'un seul coup, tout élément divin, et même simplement spirituel ! Ils ne nous servent et ne peuvent nous servir qu'une science incomplète, mutilée, appauvrie. Il n'y a pas que des phénomènes et des faits : il y a des causes, et, par-dessus tout, la cause première et universelle. Les nomenclatures, les chiffres et les hypothèses ne constituent pas le dernier mot de la sagesse humaine. Étrange sagesse, qui, nous privant d'air et d'horizons, nous enfermerait et nous ferait, en quelque sorte, étouffer dans la froide prison des doctrines matérialistes et athées !

Ici, Messieurs, pareil danger n'est pas à craindre : c'est l'école de la vraie et parfaite sagesse. Dieu y occupe, en tout ordre de connaissances, la place qu'il mérite, c'est-à-dire la première.

Il vous est montré au sommet des choses, comme la Cause nécessaire et universelle ; au sommet de l'histoire, comme la Providence qui gouverne les êtres avec une sagesse infinie ; au sommet de l'art, comme l'idéal vivant et la beauté souveraine ; au sommet de la vie, comme le principe, le centre et le terme dernier de toute existence.

J'ai nommé la vie, Messieurs, c'est ici surtout que se manifestent l'ignorance et l'impuissance de la sagesse humaine. Comment pourrait-elle nous apprendre à gouverner et à diriger notre vie, elle qui affecte de fermer les yeux sur le problème fondamental de notre destinée ? Sagesse toute terrestre, et, comme dit l'apôtre, *toute animale*, qui ne voit et ne règle que les intérêts matériels de la vie présente ! Pour elle, la conscience et la liberté ne sont qu'un vain mot ; l'homme descend au rang de la bête, et la morale de l'intérêt ou du plaisir est le seul code de la perfection humaine.

La vraie sagesse, celle de l'homme raisonnable, et surtout du chrétien, est celle qui, comme l'enseigne saint Thomas, embrasse tout l'ensemble de nos devoirs et de notre destinée, *Ad totum bene vivere*. On vous dit ici, d'une manière claire et complète, ce qu'il vous importe de savoir pour bien gouverner votre vie. Vous savez d'où vous venez, ce que vous avez à faire ici-bas, et ce qui vous attend par delà la tombe. Vous pouvez ainsi orienter votre existence. De plus, par les secours religieux qu'on vous prodigue, votre âme, soutenue dans la lutte et fortifiée contre l'obstacle, marche courageusement et sûrement vers ses futures destinées.

La pratique de cette sagesse divine, qui est l'honneur de votre vie, fait la joie et la consolation de tous ceux qui vous aiment : *Lætifica cor meum*.

II.

Dieu, qui nous a faits libres, attache un très grand prix à l'usage que nous faisons de notre liberté. Lui, qui suit, dans l'univers, la marche du plus petit atome, comment pourrait-il se désintéresser du sublime mouvement de la vie humaine ? Il n'assiste pas en spectateur insensible à nos efforts et à nos luttes ; mais il applaudit, du haut du Ciel, au courage qu'il nous voit déployer dans les combats de la vertu. Il nous aide à vaincre, et il se réjouit, comme d'un avantage personnel, des victoires qu'il nous voit remporter.

Vous apprenez ici, Messieurs, à devenir les vrais soldats de Dieu, et vous apportez joie à son cœur : *Lætifica cor meum*.

Vous réjouissez l'Église votre mère, qui a besoin de pouvoir, dans ses épreuves continuelles, compter sur le généreux amour et l'inébranlable dévouement de ses vrais fils. Sans doute, elle a des promesses de durée immortelle ; mais elle lutte et souffre, et sa plus douce consolation, comme sa plus grande force, c'est le spectacle d'une jeunesse croyante, pure et dévouée : *Lætifica cor meum*.

Vous faites aussi la joie de vos maîtres. Ils se croient suffisamment payés de leurs fatigues et de leurs sacrifices, quand ils vous voient fidèles aux leçons qu'ils vous ont données, dociles aux recommandations qu'ils vous ont faites, attachés aux devoirs qu'ils vous ont enseignés. Vos vertus sont leur récompense, et vos vies, leur couronne : *Lætifica cor meum.*

Vous êtes, enfin, un sujet de joie et d'espérance pour votre patrie temporelle, pour cette France qui veut, en dépit de tous les efforts contraires, rester la France chrétienne, la fille aînée de l'Église. Les bons et grands jours du passé reviendront pour cette mère bien-aimée, si les écoles chrétiennes ont la liberté de lui préparer, dans un avenir prochain, des citoyens qui sachent l'aimer et s'aimer entre eux, pour la rendre forte et glorieuse : *Lætifica cor meum.*

III.

Cette sagesse chrétienne, qui fait le bonheur de tous ceux qui vous aiment, vous permet de répondre victorieusement à tout injuste reproche : *Ut possis exprobranti respondere sermonem.*

On juge d'un arbre par ses fruits : l'enseignement chrétien, que vous recevez ici, défie par ses résultats les plus sévères critiques.

S'agit-il d'instruction ? Vos succès attestent, par leur nombre croissant, l'étendue et la solidité de vos connaissances. C'est une éloquente réponse aux calomnies grossières qu'on ne craint pas de formuler contre vos Maîtres et contre vous : *Ut possis exprobranti respondere sermonem.*

S'agit-il de vertu et de bonnes œuvres ? Le spectacle de votre foi et de votre piété est une édification pour vos paroisses. Perdus quelquefois au sein de populations incrédules ou indifférentes, vous êtes le levain religieux qui prépare le retour à la vie. En vous dévouant aux intérêts temporels de vos frères, en les secourant dans leur pauvreté, vous prouvez qu'il y a une alliance nécessaire entre la foi et la charité, et vous travaillez, dans la mesure de vos forces, à la solution du plus redoutable problème social : *Ut possis exprobranti respondere sermonem.*

S'agit-il de patriotisme ? On vous a vu, aux jours des grandes luttes, parmi les plus vaillants défenseurs de l'honneur et du drapeau national. Vous n'aviez, d'ailleurs, qu'à suivre l'exemple de vos maîtres, que l'histoire nous montre au poste du péril, payant généreusement de leur personne et de leur vie : *Ut possis exprobranti respondere sermonem.*

C'est ainsi, MESSIEURS, que cette Maison, qui est une école de sagesse, mérite de voir se multiplier, sous les bénédictions divines, le nombre de ses années, de ses élèves et de ses succès. Nous formons tous ensemble ce vœu, du plus profond de notre cœur : Nous serons entendus.

Un jour, une grande Romaine disait, en montrant ses enfants : « Voilà mes joyaux les plus précieux. » Jeunes gens, si vous vous appliquez de plus en plus à l'étude de cette sagesse dont je vous ai parlé, en ce jour du Cinquantenaire de votre chère École, vous ferez véritablement la joie de vos Maîtres, de vos parents, de vos amis, et vous serez un jour, là haut, les plus précieux joyaux de leur éternelle couronne Ainsi soit-il.

Depuis cinquante ans, combien d'amis nous ont quittés pour une patrie meilleure ! La mort impitoyable a frappé chaque année autour de nous, multipliant les deuils, détruisant les espérances les plus légitimement fondées. C'est pour les tombés de cette grande bataille que notre prière s'élève vers le Juge suprême : *De Profundis !*

PROCÈS-VERBAL

de l'Assemblée générale du 23 Juin 1895

Présidence de Monsieur Henry MENNESSON

A onze heures et demie est ouverte l'Assemblée générale. Sont présents :

Le Très Cher Frère Victor, président d'honneur de l'Association ; M. Henry Mennesson, président ; M. l'abbé Lejeune, les Chers Frères Aristide et Arèse, vice-présidents d'honneur ; M. A. Duval, vice-président ; M. F. Michel, trésorier ; M. P. Dupuis, secrétaire ;

MM. G. Chemin, C. Coche, A. Dubois, V. Floquet, F. Gillet, C. Lallement, R. Leclère, L. Mennesson, et P. Simon, membres du Comité ;

Les Chers Frères Ambroise, Benoît, Léonce, Almyre, Arateur, Eugénien, Eugène. Auguste, Apollo-François, Étienne, Apronien, Arthémis, Émile, Émile-Louis, Adolphus, Arcadius, Archange, Birin, Apollo-Louis, Vincent, Aristarque, Louis, etc., anciens professeurs ;

MM. Bailliet, Dutillieu, Guillemin, Henrion, Lahaye, membres correspondants ;

MM. A. Benoist, E. Hanrot, H. Houlon, absents, se sont fait excuser.

La Réunion s'ouvre par la lecture du procès-verbal de la dernière Assemblée annuelle. — Le procès-verbal est adopté.

M. le Président lit ensuite le Rapport. — le dix-neuvième depuis sa nomination, — où il expose, avec le résumé des travaux du Comité, un aperçu sur l'histoire du Pensionnat de 1845 à 1895 :

MESSIEURS,

Pour la dix-neuvième fois je dois aujourd'hui redire ce que vous savez aussi bien que moi, à savoir que tout, dans notre Association, marche avec une régularité à peu près parfaite ; j'allais dire, grâce au dévouement et au zèle de votre Comité, mais, par amour de la vérité je dis grâce au dévouement de nos bons Frères, avec notre modeste concours.

Nous comptons actuellement 37 Membres d'honneur et plus de 800 Membres actifs, très attachés à l'Association, en comprenant parfaitement le but, qui est tout d'amitié et de charité chrétienne. Aussi, jamais ne s'engagent entre nous de discussions irritantes ; jamais, ni dans les réunions ordinaires du Comité, ni dans nos Assemblées générales, on n'a pu entendre l'un de nous prononcer une parole d'amertume ou de haine.

Nous ne demandons à aucun de nos Membres s'il est protectionniste ou libre-échangiste ; s'il est pour ou contre le privilège des bouilleurs de cru ; s'il n'a pas quelque attrait pour le socialisme chrétien ou pour l'autre ; s'il n'a pas conservé au fond du cœur quelque attache avec notre antique et vénérable monarchie, ou encore, avec le régime impérial.

Nous demandons à celui qui postule pour être admis dans notre compagnie s'il a conservé les principes de foi et d'honneur qu'il avait puisés au Pensionnat ; s'il se sent au cœur l'amour du prochain et un peu de reconnaissance pour ses vieux professeurs ; s'il aime la Patrie française, et c'est tout.

L'esprit de l'Association est excellent ; mais il paraît que, d'autre part, quelques-uns de ses Membres, la croyant trop prospère, négligent de répondre aux appels du Trésorier. Vous savez cependant que, malheureusement, nous ne pouvons délaisser la perception de notre modeste impôt, sans lequel nous devrions supprimer les bonnes œuvres que nous faisons en votre nom, et dont vous avez tout le mérite.

Onze boursiers ou demi-boursiers sont actuellement élevés au Pensionnat, aux frais de l'Association ; plusieurs d'entre eux sont d'excellents élèves.

La maison du Sacré-Cœur de Courlancy reste, à notre plus grande gloire, une magnifique fondation ; la pépinière bénie des Frères qui formeront la génération sur laquelle nous comptons pour régénérer la France ; le saint asile où les invalides de l'Institut viennent se reposer, méditer et prier, après avoir accompli leur devoir dans nos écoles libres.

Ah ! Messieurs, permettez-moi d'appeler tout particulièrement votre attention sur cette grave question de l'enseignement primaire chrétien ; elle trouve bien ici sa place.

Il faut au cœur du jeune homme un amour, une passion même. Jadis, on se passionnait pour son Roi, pour son Empereur ; la République est certes la forme idéale d'un gouvernement, mais je ne sache pas que, pour son buste de plâtre, la jeunesse ait jamais eu grand attrait.

Il faut à l'homme, dont le corps s'affaisse sous la fatigue excessive du travail, dont l'âme et le cœur sont meurtris par la misère et par la maladie ; il faut au prolétaire, au travailleur, une consolation, une espérance. Or, la religion seule peut diriger, régler les battements précipités d'un cœur de vingt ans, comme elle seule peut encourager, soutenir et consoler celui qui souffre.

Pour la comprendre, l'aimer, et la pratiquer, il faut la connaître. L'enseignement ne peut donc rester neutre, comme l'a si bien dit J. Simon. Une loi néfaste l'a fait athée : il faut qu'il redevienne chrétien ; il faut qu'à l'école, l'enfant apprenne son *Pater* et son *Credo*. — Qui veut la fin veut les moyens : aidons de tout notre pouvoir à la formation d'instituteurs chrétiens.

Soyez-en certains, Messieurs, les catholiques perdront leurs peines et leur argent à soutenir des œuvres condamnées à la stérilité, si, d'abord, ils ne soutiennent énergiquement l'enseignement primaire chrétien.

Nous avons placé la Maison du Sacré-Cœur (Courlancy) dans une situation charmante ; on y jouit de la vue de notre admirable cathédrale et de tout le panorama de notre grande cité ; ses bâtiments sont beaux et bien appropriés à leur destination ; mais nous savons que ceux qui les habitent y vivent difficilement de travail et de sacrifices. Aussi, voulant, en votre nom, laisser au Très Cher Frère Visiteur un souvenir du Cinquantenaire de la fondation du Pensionnat, nous savions lui être agréable en lui offrant, aujourd'hui même, une somme de 2,000 fr. pour son Noviciat. Le souvenir de votre généreux don sera perpétué par une inscription sur marbre noir, placée à l'entrée principale de la Maison.

Il est certain que notre désir intime, le vôtre certainement, eût été d'élever, au Pensionnat même, un monument du cinquantenaire. Pour y suppléer, nous avons fait préparer un *Livre d'Or*, qui sera déposé ici; il contient une adresse que notre ami Duval a rédigée en y laissant déborder son esprit et son cœur. Vous voudrez bien la signer tous; ce sera le Livre de la Reconnaissance (1).

Le Prix d'Honneur de l'Association a été décerné, pour le dernier exercice, à M. Émile Courtois, de Donchery (Ardennes), heureux, comme ses devanciers, de recevoir les magnifiques volumes que vous leur offrez chaque année, fier de reporter au foyer paternel ce témoignage de la sympathie spéciale des maîtres et des condisciples.

Pourquoi faut-il maintenant qu'en ce jour de fête, je vienne apporter ici de funèbres souvenirs? pourquoi jeter la note triste au milieu du concert de notre franche gaieté? C'est que l'amitié, chez nous, est solide; elle ne s'arrête pas à la mort. Je me suis même demandé parfois pourquoi l'on rayait de nos listes les camarades absents pour le grand voyage!...

Souvenons-nous aujourd'hui de tous nos Professeurs et de tous nos Condisciples qui nous ont quittés depuis cinquante années; prions pour eux, et particulièrement pour ceux qui sont décédés depuis l'an dernier.

C'est d'abord Paul Leroux (élève de 1861 à 1864), décédé le 10 août 1894, à Presles-lès-Soissons.

M. Jules Houlon (père de MM. Houlon, anciens élèves du Pensionnat), Président de la Société pour le développement de l'enseignement primaire chrétien (Courlancy), ancien adjoint au maire de Reims, catholique fervent, décédé subitement le 18 octobre 1894.

Edmond Faleur (élève de 1883 à 1888), décédé à La Neuvillette en novembre 1894.

Le Très Cher Frère Renaux, ancien directeur du Pensionnat et assistant du Supérieur général, homme d'un jugement sûr, digne et pieux religieux, décédé le 10 novembre 1894.

Jules Jacquart, appartenant à une des familles les. plus catholiques de Reims, très honnête homme, parfait chrétien, décédé le 11 novembre 1894.

Marius Lhuire (élève de 1873 à 1884), une des gloires du Pensionnat, brillant élève de l'École Centrale, décédé très pieusement le 7 mai 1895 : la veille de sa mort, il relisait avec bonheur,

---

(1) Nous avons donné, page 49, le texte de cette adresse.

dans toute la plénitude de ses facultés, ses résolutions de première communion !

Alphonse Gambiez (élève de 1863 à 1868), chef de la comptabilité des Usines à Gaz du Nord et de l'Est, décédé en juin 1895, à Vauxbuin, près Soissons.

Auguste Gilbert (élève de 1854 à 1864), décédé à Reims, aussi en juin 1895.

Enfin, je termine cette trop longue liste par le nom de mon vieux professeur et fidèle ami, le bon Frère Séverin, décédé à Fleury, près Paris (fondation Galiera), le 16 juin courant. Il a su me donner l'amour de l'étude et du devoir. Je l'aimais autant que l'on peut aimer un maître que l'on admire et que l'on vénère ; il est resté dans mon esprit et dans mon cœur le type accompli du Frère des Écoles chrétiennes, et c'est par lui que j'appris à les aimer tous.

Avant de quitter ces chers défunts, je recommande à nos amis de Reims de ne pas manquer d'assister à la messe basse qui se dit dans la chapelle du Pensionnat, chaque fois que l'on nous annonce le décès de l'un de ceux que nous avons connus ici.

> Les morts diraient un beau cantique
> Si nos genoux restaient ployés,
> Si la prière, fleur mystique,
> S'ouvrait pour eux en nos foyers (1).

Je voudrais, comme chaque année, vous redire combien nos relations sont agréables avec toutes les Associations d'anciens élèves des Frères, et vous donner quelques extraits de leurs très intéressants Rapports. Mais nos instants sont comptés, et vous ne seriez pas satisfaits, si, à l'occasion du cinquantenaire que nous fêtons aujourd'hui, je ne vous parlais pas un peu de notre vieux Pensionnat, de sa fondation, de son histoire, des épreuves qu'il a traversées, et aussi de son développement, de sa prospérité croissante, sous l'administration des éminents Directeurs qui s'y sont succédé.

MES CHERS CAMARADES,

Vous connaissez tous l'Institut des Frères des Écoles chrétiennes. et son fondateur le Bienheureux de La Salle, le grand Rémois « dont

(1) Paul HAREL.

« la majestueuse figure apparaît à la fin du XVIIe siècle. Il en
« couronne l'éclat par des œuvres plus pures aux yeux de l'Église
« que celles de Bossuet, plus durables aux yeux des hommes que
« les conquêtes de Louis XIV, et il ouvre le XVIIIe siècle, dont il
« voile par sa charité les tristes écarts et dont il soutient quelque
« temps, par l'éducation chrétienne des enfants, la foi défail-
« lante (1) ».

Mais ce que nous ne savons pas tous, c'est que, dès les premières
années du XVIIIe siècle, les Frères avaient à Reims un Pensionnat,
rue de Contray, dans l'immeuble racheté en 1880 par la Société des
Écoles chrétiennes libres. « On y recevait des Pensionnaires de
tous états; ils y étaient très bien sous tous rapports ». En 1789, ce
Pensionnat comptait plus de 100 élèves, payant chacun une
pension de 400 francs (2).

Puis sont venus les jours néfastes de la Révolution. En 1791,
les Frères ayant refusé de prêter serment, le frère Léandre étant
alors Directeur, leur Pensionnat fut fermé (3).

(1) Armand Ravelet.

(2) En 1773, MM. du Conseil de la Ville de Reims insinuent que les Frères
étant institués pour l'éducation des enfants pauvres, il serait utile de fermer
le Pensionnat. — En 1774, le Frère Exupère se réclame de l'Archevêque de
Reims pour obtenir de Louis XVI des lettres patentes. Il écrit à MM. du
Conseil qu' « il n'est pas nécessaire de demander au Roi, comme une faveur,
de mettre bas la pension de Reims. Combien il est difficile de traiter avec
une ville qu'il semble n'avoir point d'égards pour 94 ans de services ! Elle
nous a demandé un Pensionnat bâti à nos dépens et maintenant elle veut
que nous nous unissions à elle pour en demander au Roi la suppression ».
— Les lettres patentes sont obtenues en 1777.

En 1789, les écoles gratuites des Frères comptent à Reims treize classes
fréquentées par 1,500 élèves.

(3) Nous devons aux recherches de l'un de nos amis la découverte d'un
précieux manuscrit concernant le Pensionnat des Frères de Reims en 1791.
C'est le procès-verbal de l'interrogatoire des vingt et un religieux de la
maison, et les réponses de chacun, motivant le refus de signer le serment
civique que l'on prétendait leur imposer.

En 1791, le Pensionnat de Reims était dirigé par le Cher Frère Léandre,
alors âgé de 63 ans, et religieux depuis 47 ans. Il avait pour Sous-Directeur
le Cher Frère Saturnin, pour Procureur le Cher Frère Louis-Marie, et pour
Préfet des Études le Frère Mathieu, originaire de Nancy.

Dans la liste des Frères interrogés figurent un Frère Patrocle, de Char-
leville, et un Frère Adalbert, de Chamery, appartenant, le premier à la
famille Mabille, et le second à la famille Perseval, encore existantes aujourd'hui.

Voici une partie du texte de ce manuscrit, dont nous respectons l'ortho-
graphe :

« Cejourd'huy vingt un juin mil sept cent quatre vingt onze huit heures

Le 1er octobre 1831, un *demi-Pensionnat* s'ouvrait rue du Bar-
bâtre, n° 90. En novembre 1831 et en février 1832, les instituteurs
privés en demandèrent la fermeture à l'administration ; malgré

« et demie du matin, nous Simon Jean Baptiste Oudin Deligny, officier
« municipal et Louis Félix Boisseau l'aîné, notable de la municipalité et
« commune de Reims y demeurants soussignés, accompagnés de Pierre
« Nicolas Begin, greffier de ladite municipalité, nous sommes transportés
« à l'heure susdite en la maison des frères des Ecoles Chrétiennes de
« ladite ville à l'effet de prendre les instructions et renseignemens conve-
« nables demandés par le Directoire du département de la Marne en datte
« du dix neuf juin présent mois, en conséquence constater le nombre de
« frères actuellement existans dans ladite maison, de rédiger un état nomi-
« natif de ceux qui sont ou non engagés par des vœux, de les entendre
« individuellement et de prendre leurs déclarations s'ils entendent se con-
« former à la loi du dix sept avril dernier en prêtant le serment civique et
« en continuant leurs fonctions comme par le passé dans le département
« de l'instruction. Et étant dans ladite maison, nous avons demandé le
« frère Supérieur et ayant été conduits dans une place haute où il étoit,
« nous lui avons annoncé le motif de notre transport et fait lecture du Dé-
« libéré du Département susdatté, et après avoir fait appeller plusieurs
« frères de ladite maison il nous a déclaré qu'il étoit prêt à nous donner
« les éclaircissemens et renseignemens que nous étions chargés de lui
« demander.
« En conséquence, le frère Supérieur nous a déclaré que la maison étoit
« composée aujourdhuy de vingt un individus.
« Après avoir pris les noms, surnoms de tous les individus qui composent
« la maison des frères des Ecoles Chrétiennes, nous avons prié les per-
« sonnes présentes de se retirer pour pouvoir prendre en particulier et in-
« dividuellement les déclarations de tous les sujets de la maison, à l'effet
« de scavoir s'ils entendent se conformer à la loi du 17 avril dernier, en
« prêtant le serment civique et en continuant leurs fonctions comme par le
« passé dans le département de l'instruction.
« En conséquence, les individus pris séparément et individuellement
« nous ont déclaré : ..... »
Nous regrettons que le cadre restreint que nous nous sommes tracé ne
nous permette pas de vous donner en détail les réponses des vingt et un
Religieux du Pensionnat.
Tous, depuis le Supérieur jusqu'aux Frères les plus jeunes, ont refusé
de signer un serment qu'ils regardaient comme attentatoire à leurs Consti-
tutions, bien qu'ils sussent qu'un pareil refus devait être suivi de la confis-
cation et de l'exil.
Nous avons contemplé avec respect la signature à peine commencée d'un
vénérable Frère âgé de 80 ans, qui, ne pouvant plus tracer son nom, a prié
le greffier de constater que ses infirmités l'en empêchaient, mais qu'il refu-
sait le serment.
« Et attendu qu'il est midi sonné et qu'il n'est pas possible de faire ce
« matin le restant des opérations qui restent à faire, nous avons continué
« la vacation à cejourdhuy, deux heures de relevée et avons signé avec
« notre greffier commis.
« *Signé :* BEGIN, OUDIN, BOISSEAU. »

« Et ledit jour, deux heures de relevée, nommés par la municipalité, une supplique des pères de famille au maire de Reims, datée du 17 février 1832, et se terminant ainsi : « par un nouvel et plus « sérieux examen, vous apprécierez mieux les éminents services « de ces hommes si dévoués », le 13 avril 1833, le Frère Andoche, directeur, dut se soumettre à l'arrêté de M. Andrieux, maire, et licencier ce demi-Pensionnat.

En 1838, on le remplaça par une *École* dite *de perfectionnement*, qui fut supprimée en 1839 par arrêté municipal, encore à la demande des instituteurs; M. Godfrin, architecte, chevalier de Saint-Grégoire le Grand, et M. Tuniot, en suivirent les cours. En 1841, on essaya d'ouvrir une *École* dite *Principale*, qui tomba encore sous les mêmes attaques.

Dès 1844, MM. Ruinart de Brimont, Villain, Maille-Leblanc et Eugène Henriot, qui patronnaient la candidature de M. Chaix d'Est-Ange à la députation, lui imposaient de demander la réouverture du Demi-Pensionnat des Frères, rue de Venise, qui s'installait le 7 octobre 1845 dans l'ancienne filature de M. Henriot, que l'on avait louée 1,500 fr. Le Frère Almyr y faisait la troisième classe, et le Frère Arateur la quatrième. Nous avons le bonheur de posséder aujourd'hui parmi nous ces deux vénérables Maîtres.

Il y avait alors 75 élèves; en 1847, on en comptait 118, pour retomber à 79, en 1848. Les Frères Séverin et Ansbertus, tous deux malheureusement décédés, étaient au Pensionnat vers cette époque. Il parait que l'éducation des Frères d'alors était déjà large et libérale, car en septembre 1848, un vénérable ecclésiastique vint, à la fin de leur retraite, leur reprocher amèrement que leurs élèves « ne valaient pas mieux que les autres, et qu'ils s'étaient montrés les plus ardents dans l'insurrection ». Ce reproche était sans doute exagéré; mais cependant, les faits visés par l'éminent personnage prouvent au moins que ces jeunes gens avaient au cœur l'ardent amour de la liberté, et que si, plus tard, nos édiles se sont débarrassés des Frères, qu'ils ont congédiés de leurs écoles

« nous sommes rendus en la maison des frères des Écoles Chrétiennes à « l'effet de continuer les opérations par nous commencées ce matin,

. . . .

« Et nos opérations étant finies, nous avons clos le présent procès verbal « que nous avons signé avec les frères Supérieur, Sous-Directeur, Pro-« cureur et Preffet de pension après lecture faite.

« *Signé :* F. LÉANDRE, F. SATURNIN, F. LOUIS-MARIE, F. MATHIEU, OUDIN, BOISSEAU, BÉGIN. »

communales après des élections républicaines faites par leurs élèves, c'est exclusivement à cause de l'éducation chrétienne donnée aux enfants du peuple.

L'achat de la magnifique propriété de Thillois remonte au 2 septembre 1850. A cette date on compte à la rue de Venise 106 élèves, dont 15 pensionnaires, et en 1851 ce chiffre est monté à 111, dont 13 pensionnaires, qui couchaient dans un assez bel immeuble, rue Chanzy.

Ici se place pour moi une date mémorable : le 24 juin 1851, je faisais ma première communion dans la très modeste chapelle du Pensionnat. J'avais reçu, avec les soins de mes Maîtres, ceux du vénérable abbé Mailfait, aujourd'hui prêtre habitué à Saint-André (1), et du R. P. Gaudré, S. J., missionnaire à Cayenne, et frère du bon Frère Xavier, alors Directeur des Écoles chrétiennes communales et du Pensionnat. Le temps me manque pour vous redire les profondes émotions que mes amis et moi nous ressentîmes en ce beau jour. Je me vois encore le matin, tout tremblant, presque malade d'émotion, au moment solennel de la communion ; le soir, conduit comme par mon ange gardien, par un bon Frère dont je regrette de ne pas me rappeler le nom, je gravissai les degrés d'un immense reposoir dressé dans nos cours de récréations, pour y lire l'Acte de Consécration à la Sainte Vierge.

Le 31 août 1852, le Cher Frère Adorateur, de regrettée mémoire, arrivait au Pensionnat, comme Sous-Directeur, pour y seconder son propre frère, le Frère Xavier.

Pendant les premières années, le nombre des pensionnaires était très restreint, le Pensionnat n'ayant été légalement autorisé que le 12 août 1853. Le Cher Frère Adorateur en devint directeur en 1855 ; la maison était désormais séparée d'avec les Écoles chrétiennes gratuites (2).

En 1853 nous arrivait le Frère Ambroisien, aujourd'hui Directeur à Tours, et ici présent. Au mois de février 1854, l'administration municipale fondait quatre bourses et cinq demi-bourses au Pensionnat, au profit des élèves des écoles communales des Frères ; au mois d'août suivant, M. Werlé père présidait notre distri-

(1) On lira, page 32, la réponse de M. l'abbé Mailfait à l'invitation que lui avait adressée M. H. Mennesson, à l'occasion du Cinquantenaire du Pensionnat.

(2) Jusqu'en 1852, les Frères du Pensionnat et les Frères des Écoles communales de la rue du Jard prennent leur repas en commun.

bution de prix. A la rentrée d'octobre 1854, nous étions 137 élèves, dont 32 pensionnaires.

En 1855, le Pensionnat recevait les bons Frères Arnold et Eugénien ; en mai 1856, les Chers Frères Léonce (directeur de Longuyon) et Alvard (directeur de l'école Saint-André) ; en 1858, le Cher Frère Alphonsis (directeur à Smyrne), le bon Frère Jules, la bonté personnifiée, l'excellent Frère Agabus, qui a tant et si bien aidé à la fondation de notre Association, tous deux décédés, et le Cher Frère Adolphus, revenu depuis peu à la rue de Venise (1).

En octobre 1860, le nombre des élèves était de 232, avec 84 pensionnaires. Pendant les années suivantes se réalisaient les grands achats de terrains nécessaires à l'agrandissement de la propriété, et l'on commençait les constructions.

Le 12 novembre 1864, le Cher Frère Renaux remplaçait le Cher Frère Adorateur, nommé Visiteur de la Franche-Comté, puis, quelques années après, de la province du Mans. (Il y est mort en 1891.)

En 1865, la Communauté accueillait le Frère Arille, toujours ici, aussi aimable que modeste et habile décorateur ; en 1866, les Frères Attale (aujourd'hui en Irlande), Arbel (Frère sacristain au Pensionnat), et Abélis (Directeur en Asie-Mineure) ; en 1868, les Frères Aquilas et Antoine (infirmier), que vous connaissez tous (2).

En 1869, à la suite de l'Exposition universelle, le Pensionnat reçut deux médailles pour ses méthodes d'enseignement.

Cette même année, le bon Frère Bajulien devenait Directeur, en remplacement du Frère Renaux ; il y avait alors 422 élèves, dont 222 pensionnaires.

1870 ! Nous sommes en pleine guerre. Les Frères organisent une ambulance à la rue de Venise, et les 80 premiers blessés y entrent

---

(1) C'est en 1856 que les Pensionnaires, qui, chaque soir, allaient coucher rue Chanzy, chez M. Jullion, ne quittent plus la rue de Venise.

En octobre 1856 est fondée l'*Œuvre des Pauvres*. La première visite à domicile est faite le 13 octobre 1856, par cinq élèves de la première classe, conduits par M. Élambert. Jusqu'à l'établissement de la Conférence de Saint-Vincent de Paul (1877), ces visites ont continué à fonctionner chaque vendredi.

En 1857 sont organisées les grandes promenades d'été dites *Promenades des Cachets*.

(2) Pendant cette année 1868, une terrible épidémie de fièvre typhoïde sévit sur la ville. Le Très Cher Frère Renaux consacre à saint Joseph le Pensionnat, qui est épargné. En reconnaissance, il fait élever la statue qui se trouve au jardin botanique.

le 20 août. Le drapeau français flotte à la porte d'entrée et y reste, *le seul dans Reims,* pendant toute l'occupation allemande.

Cette même année, comme pour panser les blessures de nos cœurs de Français et de patriotes, le Très Honoré Supérieur général nous envoyait comme professeur notre bien-aimé Directeur actuel, le Cher Frère Victor (1).

En octobre 1872, le Pensionnat adoptait le programme de l'enseignement secondaire spécial, et, en août 1873, on présentait pour la première fois des élèves aux examens du baccalauréat.

La chapelle, commencée le 1er mars 1874 (2), fut bénite le 16 juillet 1876. Enfin, le 17 septembre de la même année avait lieu la première réunion de notre Association amicale.

Je ne vous rappellerai qu'à titre de date mémorable les grandes fêtes du deuxième centenaire de la fondation à Reims de l'Institut des Frères des Écoles chrétiennes, qui eurent lieu le 24 juin 1880, et dont notre Annuaire a donné le compte rendu.

En mars 1883, le Cher Frère Victor est nommé Directeur du Pensionnat en remplacement du Cher Frère Bajulien, Visiteur de la province de Reims, mort en 1888 à la suite d'une longue et douloureuse maladie.

Le 24 juin de cette même année 1888 eurent lieu à Reims, et particulièrement au Pensionnat, les inoubliables fêtes de la béatification du Bienheureux de La Salle ; les fils avaient tenu à honneur de glorifier dignement la mémoire de leur père et saint fondateur.

En 1890, nous perdions deux bons et vénérés amis qui nous avaient puissamment aidés, les Frères Jules et Agabus (3).

Et enfin, depuis l'année dernière, le Cher Frère Victor a été investi des délicates fonctions de Visiteur du District. Il conserve la direction du Pensionnat, qui reste très prospère, tant au point de vue du nombre — puisqu'il atteint son maximum, soit environ 600 élèves — qu'au point de vue des résultats acquis dans les examens. Quant à l'éducation chrétienne des jeunes gens, il ne saurait être surpassé.

(1) Pendant la Commune, le Pensionnat donne asile à vingt-deux élèves du Pensionnat de Passy et à leurs professeurs.

(2) En 1874, Mgr Langénieux, nouvellement promu au siège de Reims, fait sa première visite au Pensionnat.

(3) En 1891, soixante élèves et anciens élèves du Pensionnat se rendaient à Rome, aux fêtes jubilaires de Léon XIII. Ils étaient conduits par les Chers Frères Victor, Eugène et Arille.

Mes chers Amis,

Pardonnez-moi si j'ai été trop long ; j'esquissais l'histoire de mon cher vieux Pensionnat, où je retrouve tous mes meilleurs souvenirs. Je l'aurais voulue entière, complète, aussi exacte que possible ; puis, il fallait vous parler de tous ceux que nous y avons connus et aimés ; enfin, j'étais heureux de profiter de l'occasion qui m'était offerte, pour encourager ceux que l'avenir épouvante, en leur montrant à quelles épreuves il faut s'attendre pour fonder une œuvre solide et durable.

L'Assemblée, vivement intéressée, applaudit aux sentiments de chrétienne et filiale gratitude de son Président.

M. le Trésorier lit ensuite le Rapport sur la gestion des finances de la Société pendant l'exercice 1894 :

Messieurs et chers Camarades,

Au 1er avril 1894, notre capital était de.......	20.131f »»	
Depuis lors, nous avons encaissé :		
Solde des cotisations de 1894.................	880 »»	
Intérêts sur nos actions de Courlancy, années 1893 et 1894.............................	480 »»	27.598f 80
Cotisations de 1895...........................	5.820 »»	
Intérêts au Comptoir d'Escompte..............	287 80	
Total de notre Avoir.....	27.598f 80	

Le chiffre de nos dépenses est établi comme suit :

Frais de recouvrement des cotisations de 1894 et 1895....................................	335f »»	
Frais de brochures, timbres, etc..............	778 80	
Offrande pour les Écoles libres, 1894.........	100 »»	
Œuvre des Petits Novices, 1894..............	400 »»	
Prix des Anciens Élèves, 1894	125 25	
Frais de banquet............................	90 »»	6.053 05
Honoraires des Messes de *Requiem*	95 »»	
Remboursement de trois cotisations à des Membres de l'Association actuellement sous les drapeaux.............................	30 »»	
Bourses et demi-bourses 1894-1895...........	4.700 »»	
Total de nos Dépenses....	6.053f 05	

L'excédent de notre Avoir est donc de................... 20.015f 75 ainsi représentés :

Valeurs en portefeuille.....................	6.000ᶠ »»
Espèces en caisse...........................	69 40
Au Comptoir d'Escompte	14.876 35
Total.....	20.945ᶠ 75

Suivant l'usage nous vous demandons, Messieurs, de vouloir bien voter, pour l'année 1895, le don de l'Association à l'Œuvre des Petits Novices de Courlancy.

A l'occasion du Cinquantenaire du Pensionnat, il nous a paru intéressant de vous faire connaître, Mes chers Camarades, ce que l'Association, pendant ses dix-huit premières années d'existence, a consacré aux diverses œuvres dont elle s'est occupée.

En voici le résumé :

Dix-sept prix annuels de l'Association..................	1.979ᶠ »»
Secours aux Écoles libres de Reims et d'Épernay..........	2.260 »»
Dons à divers et souscription pour les statues d'Urbain II, de Jeanne d'Arc, du Bienheureux de La Salle, de l'église Saint-Jean-Baptiste	4.388 »»
Œuvre des Petits Novices de Courlancy	6.000 »»
Entretien de nos boursiers au Pensionnat................	37.970 »»
Total.....	52.597ᶠ »»

Ces chiffres sont assez éloquents par eux-mêmes, Messieurs, pour qu'il soit inutile d'insister.

Nous avons aidé à toutes les nobles causes en faveur desquelles nous avons été sollicités.

Aussi, serez-vous unanimes à déclarer que notre Association a bien mérité de l'Église et de la Patrie, puisqu'elle a contribué de son mieux à leur donner des Maîtres chrétiens, des hommes instruits, des citoyens religieux et des défenseurs capables de tous les dévouements.

Continuons donc le bien commencé, Mes chers Camarades; resserrons de plus en plus les liens qui nous unissent, aussi bien sur le terrain des affaires que sur celui de l'amitié, et préparons ainsi, pour nos successeurs dans l'Association, un Cinquantenaire aussi beau que celui de notre cher Pensionnat.

Le Rapport est adopté.

Il est ensuite procédé aux élections :

Élections des quatre Membres sortants du Comité, MM. A. Dubois, F. Gillet, C. Lallement, R. Leclère, proposés à nouveau et maintenus dans leurs fonctions ;

Élection de M. H. Mennesson, acclamé président pour une vingtième année.

Le Très Cher Frère Visiteur Victor remercie l'Association de ses libéralités à l'égard de l'Œuvre du B. de La Salle : le vote d'une allocation de deux mille francs et le maintien de la bourse annuelle de quatre cents francs. Il dit combien le Très Honoré Frère Supérieur a été touché d'une semblable délicatesse, qui témoigne en faveur de l'esprit de la Société.

Lecture est donnée du télégramme adressé au Très Honoré Frère Joseph, supérieur général de l'Institut des Frères :

Frère JOSEPH, *Supérieur général*, rue Oudinot, Paris.

Anciens Professeurs et Anciens Élèves unis aux Professeurs et aux Élèves actuels du Pensionnat, célèbrent joyeuses fêtes Cinquantenaires sous présidence Cardinal de Reims et Évêque de Verdun.

Ils offrent au vénéré Supérieur filial hommage de soumission reconnaissante et demandent à Dieu pour lui soutien et consolations.

Frère VICTOR et H. MENNESSON.

Le Secrétaire communique à l'Assemblée les télégrammes échangés et une partie de la correspondance :

Je m'associe de cœur aux joies du Cinquantenaire célébré sous présidence illustre Cardinal de Reims et sympathique Évêque de Verdun. Je prie Dieu de bénir Professeurs et Élèves et leur conserver augustes protecteurs et pontifes.

Frère JOSEPH.

Toulousains partagent joie et bonheur de Maîtres, Élèves et Camarades pour fête du Cinquantenaire si chrétiennement célébré sous la présidence du vénéré Cardinal Langénieux, défenseur de nos chères libertés. Vive Dieu !

PAUL, *Président.*

A nos camarades Rémois, à nos chers Maîtres, à Nos Seigneurs les Évêques, à Son Éminence Mgr le Cardinal Langénieux, réunis pour fêter le Cinquantenaire Pensionnat, nos souhaits, vœux et respectueux hommages.

POUPON (Dijon).

Association Nantaise, unie de cœur aux Noces d'or, adresse félicitations aux Maîtres et aux Élèves.

DELAHAYE, *Président.*

Au vaillant et vénéré Cardinal, à Mgr de Verdun, hommages. — A vous, M. le Président, et à tous, le meilleur de notre cœur. Bonne fête.

BERNAT (Bordeaux).

A l'occasion des fêtes du Cinquantenaire, M. le Président avait adressé une amicale invitation aux Présidents de quelques Associations; il en a reçu les réponses ci-dessous :

Paris, le 17 juin 1895.

MON CHER CONFRÈRE,

Je vous remercie de vous être souvenu de Nazareth et de son Président. J'aurais voulu assister à vos fêtes, et y marquer une fois de plus la solidarité chrétienne qui unit nos œuvres. Malheureusement, ce même Nazareth me retient, qui m'a fait vous connaître. Le 23, je dois aller en promenade avec mes hommes mariés, et je ne puis me dérober sans scandale à cet agréable devoir.

Croyez à mes regrets, faites-les accepter, je vous prie, à vos Collègues, et recevez l'assurance de mes sentiments bien dévoués.

P. LEROLLE (1).

Rouen, le 16 juin 1895.

MONSIEUR LE PRÉSIDENT,

Je regrette, plus que je ne saurais dire, l'éloignement qui nous sépare et m'empêche de répondre à votre affectueuse invitation.

Nous lisons votre *Bulletin* avec le plus grand intérêt ; nous savons combien votre Association est prospère, et quels y sont le zèle et le talent de son Président.

Nous aurions été heureux de nous joindre à vous, pour vous prouver

(1) M. Lerolle est, comme on le sait, membre du Conseil municipal de Paris.

notre sympathie, et surtout pour rendre hommage avec vous à ceux que l'univers admire et que la France n'aimera jamais trop.

Si l'enseignement chrétien était plus répandu, notre pays, plus puissant, n'aurait pas à déplorer tant de scandales et à subir tant de misères.

Espérons que l'avenir dissipera des craintes trop justifiées et nous rendra, avec la foi de nos pères, leur gloire et leurs vertus.

Je vous prie d'agréer tous mes regrets, et d'accepter, tant en mon nom qu'au nom de l'Association amicale des Anciens Élèves des Frères de Rouen, l'assurance de notre très cordiale sympathie.

Pour le Comité :

A. VERMONT, Président d'honneur.

Reims, le 19 juin 1895.

BIEN CHER MONSIEUR,

En réponse à votre honorée en date du 18 courant, je viens vous remercier du gracieux souvenir que vous voulez bien conserver à un ami de la première heure. J'aurais, dans d'autres circonstances, répondu de tout cœur à l'aimable invitation à laquelle vous daignez me convier; mais l'état de ma santé, qui laisse toujours à désirer, me met dans la nécessité de renoncer à toute réunion. Je viens vous prier d'agréer mes excuses bien sincères. Cependant je veux être de la fête, en unissant mes prières aux vôtres, et en conjurant le Bon Maître de combler de ses plus abondantes bénédictions vos familles, et les bons Frères qui vous ont si bien formés.

Agréez, BIEN CHER MONSIEUR, l'assurance de mon respect affectueux.

L'abbé MALFAIT.

SOCIÉTÉ DES ANCIENS ÉLÈVES
ET AMIS DES FRÈRES
DE MONTIVILLIERS (Seine-Inférieure).

Montivilliers, le 17 juin 1895.

Monsieur H. MENNESSON, Président de l'Association amicale des Anciens Élèves du Pensionnat des Frères, Reims.

Je vous remercie bien sincèrement d'avoir songé à inviter l'Association de Montivilliers à assister à la belle fête qui aura lieu le 23 juin prochain, à l'occasion du Cinquantième Anniversaire de la fondation du Pensionnat et de l'Assemblée générale de votre Société.

J'aurais été très heureux de prendre part à ce joyeux événement, dont Son Éminence Mgr le Cardinal Langénieux a bien voulu accepter la présidence.

Sous les auspices d'un si courageux Prélat, cette belle cérémonie laissera un doux souvenir dans vos cœurs, et me fait regretter plus vivement de ne pouvoir être présent.

Notre Société sera de cœur avec vous, et me charge de vous transmettre ses vœux pour la prospérité de ce Pensionnat et de votre Association, ainsi que pour le succès de votre fête.

Veuillez agréer, Monsieur et cher Collègue, l'assurance de ma cordiale et fraternelle amitié.

Victor Duë, Président.

Société des Anciens Élèves

des Frères du Havre

Monsieur et cher Collègue,

J'attribue à mon changement de domicile de n'avoir reçu qu'hier votre aimable invitation. Je vous prie de bien vouloir m'excuser de ne pas vous avoir répondu plus tôt.

J'aurais fait tout mon possible pour assister à vos belles fêtes, et j'aurais été particulièrement honoré d'être présenté à votre vénéré Cardinal, vers qui toute la France catholique a les yeux tournés.

J'espère être plus heureux une prochaine année, et avoir enfin le plaisir de faire votre connaissance.

Veuillez agréer, Monsieur et cher Collègue, l'expression de mes sentiments distingués.

Jeslevin, président.

Nous avons reçu les cartes, accompagnées des félicitations de MM. les Présidents des Associations de Passy-Paris, de Nancy, de Lisieux, de Beauregard-Longuyon et des Francs-Bourgeois.

La séance est levée à midi un quart.

BANQUET

Il y a plus de deux cents ans, La Fontaine affirmait que celui-là se prépare une déception, qui s'efforce de contenter tout le monde. C'est cependant à quoi avait visé le Frère Économe, et c'est le but qu'il a atteint.

Bien difficiles, en effet, ceux que n'aurait pas satisfaits l'ordonnance du banquet... Sur les tables, des fleurs et des plats : « Ils sont là, dit mon voisin, pour nous faire souvenir qu'en nous l'être qui rêve ne saurait donner congé à l'être qui mange ! »

Le Comité de l'Association avait confié à un artiste de Paris, le contre-maître de l'atelier de lithographie de l'établissement Saint-Nicolas de Vaugirard, la gravure du menu, offert aux anciens élèves comme un Souvenir du Cinquantenaire.

On a dit que les grands appétits, comme les grandes douleurs, sont muets ; ce dont nous ne nous sommes pas aperçus, bien que le déjeuner n'ait commencé qu'à midi et demi. A toutes les tables, une cordiale et franche gaieté ; et peut-être s'avancerait-on beaucoup en affirmant que les aînés de la Réunion ont laissé aux plus jeunes le monopole des longs accès d'une large hilarité.

A la table d'honneur, les séants de marque : S. Ém. Mr le Cardinal et S. G. Mr l'Évêque de Verdun ; NN. SS. Péchenard, Cauly et Juillet ; MM. les Membres du Chapitre métropolitain ; MM. les Doyens de Saint-Jacques et de Saint-Remi ; le Très Cher Frère Visiteur, les Chers Frères Léonce, Ambroise et Benoît, le Cher Frère Eugène, le Cher Frère Julien, directeur de la communauté de la rue de Contray, et quelques Frères Directeurs de Reims ; des représentants de l'armée et de la presse ; M. Koch, depuis quarante-trois ans professeur au Pensionnat, etc., etc.

L'immense réfectoire contient neuf cents couverts : il est entièrement occupé.

Au dessert, le Très Cher Frère Victor porte la santé de S. S. le Pape Léon XIII et des vénérables prélats qui nous président. Ainsi qu'il nous y a accoutumés, sa pensée s'épanche avec une riche abondance et une élévation qui ravissent :

ÉMINENCE,
MONSEIGNEUR,
MESSIEURS,

Il est dit dans la Sainte Écriture qu'à l'occasion des jubilés cinquantenaires d'autrefois, les dettes étaient remises, les esclaves étaient libérés, et tous rentraient, s'ils s'en étaient vu déposséder, dans l'héritage de leurs pères.

Là s'arrêtaient les désirs du peuple régi par la loi de Moïse. Combien différentes sont nos aspirations, en ces solennelles fêtes des Noces d'Or du Pensionnat !

Nos dettes, — loin de vouloir en être affranchis, nous les reconnaissons hautement.

Nous sommes et nous voulons vivre débiteurs de Dieu, qui, après avoir fait jeter dans le sol rémois, à l'ombre du tombeau de saint Remi, l'humble semence de l'Institut des Frères, a daigné lui donner le consolant développement que nous voyons. Vive Dieu et vive Jésus-Christ, par qui subsistent nos œuvres, et vers qui elles tendent !

Nous sommes et nous voulons vivre débiteurs de l'Église romaine, qui daigne nous regarder comme d'utiles ouvriers dans le champ du Seigneur. Comment oublier les paternelles sollicitudes du Siége apostolique, pour nous diriger pendant la tourmente révolutionnaire nous rétablir après les grands désastres de 1792, nous protéger dans les providentiels développements de ce siècle, nous consoler par la glorification de notre Père et Fondateur ? L'Institut des Frères peut-il perdre le souvenir des spéciales bontés de l'illustre Léon XIII et de l'honneur qu'il nous a fait en nous associant à ses vues sur l'Orient ?

Comment oublier vos délicatesses, ÉMINENCE, vous par qui nous sont venus tant de fois l'encouragement et le conseil, le réconfort et la joie ? N'est-ce pas la suprême joie de cette maison que le Cardinal, acclamé par l'Orient, vénéré par l'Église de France, chéri de Léon XIII, se soit constitué le meilleur de nos amis ?

Et vous, Mgr Pagis, ne sommes-nous pas liés à vous par les chaînes d'or d'une impérissable reconnaissance ? Nous avions craint un moment pour votre chère santé ; mais grâces soient rendues à Dieu, vous voici prêt aux travaux apostoliques, et longtemps encore nous pourrons applaudir à vos œuvres.

Nous sommes les débiteurs du clergé rémois, dont le concours si nécessaire est acquis à notre œuvre : de MM. les Vicaires généraux, de MM. les Membres de l'insigne Chapitre, de MM. les Curés et de notre excellent ami et aumônier M. le chanoine Lejeune.

Nous, les heureux bénéficiaires du labeur des Frères nos devanciers, nous sommes leurs débiteurs, et nous proclamons qu'à ces ouvriers de la première heure sont dus la vénération pour leurs vertus, l'admiration pour leur initiative résolue, le respect pour les fécondes traditions qu'ils nous ont léguées.

Enfin, à quelle impuissance aurions-nous été réduits, si la confiance et le concours des familles rémoises ne nous eussent offert le champ d'action où, Dieu aidant, s'est déployé notre zèle ?

Nous sommes donc les débiteurs de tous, et c'est sur tous que nos prières appellent les bénédictions célestes.

Les chaînes de notre esclavage! — Nous sommes et voulons demeurer les serviteurs volontaires de l'Église et de la Patrie, les vôtres, MESSEIGNEURS, et de votre clergé, honorés que nous soyons tenus pour vos auxiliaires. C'est librement, MESSIEURS, que, pour vos âmes, nous avons recherché le glorieux esclavage de la vie religieuse. Et que demandons-nous aujourd'hui, par nos prières, nos craintes et nos revendications, sinon d'être libres de porter jusqu'à la mort les chaînes qui nous unissent à vous et à Dieu, et qui sont la perfection, le plein épanouissement de la vraie liberté ?

Quant à nos biens, ils sont de deux sortes : les uns matériels, les autres qui constituent le patrimoine des règles et des vertus de notre Bienheureux Fondateur et de sa Congrégation. Si jamais l'injustice ou la violence nous dépossédaient des premiers, nous puiserions dans les seconds, dans le bienveillant patronage de l'Épiscopat, dans notre amour pour les âmes, la force de ne nous point décourager, et de poursuivre, à travers tous les obstacles, notre œuvre apostolique et française.

M. Henry Mennesson se fait ensuite l'interprète de notre reconnaissance pour nos chers Professeurs, et, par une agréable et délicate surprise, souhaite au Très Cher Frère Victor, depuis vingt-cinq ans au Pensionnat, ses *Noces d'argent* :

Dans notre Comité, si tranquille d'ordinaire, il en est tout autrement lorsqu'il faut, chaque année, décider qui portera les toasts au banquet, car, parmi nous, peu possèdent l'art de bien dire, les autres, et je suis de ceux-là, luttent en désespérés pour éluder cette redoutable charge.

S'il ne s'agissait que de laisser parler son cœur, ce serait à qui porterait la santé de Sa Sainteté l'illustre Léon XIII, le Chef suprême de l'Église catholique, que tous les peuples admirent et vénèrent ; de Son Éminence le Cardinal Langénieux, le grand et courageux défenseur des libertés de l'Église ; des Frères et de leur Très Honoré Supérieur général ; de tous ceux que nous vénérons et aimons.

Mais il faut, devant un public d'élite, devant cette jeunesse toute pénétrée des beautés de notre littérature, dire en phrases correctes ce que nos cœurs ont pensé, et lutter contre les terribles émotions que l'on éprouve à parler devant un auditoire aussi nombreux.

Malgré tout, en ce grand jour du cinquantenaire que je ne verrai plus, j'ai mis de côté tout amour-propre, toute hésitation, j'ai voulu moi-même, le plus âgé du Comité, saluer encore une fois la mémoire vénérée de nos chers Directeurs les Frères Adorateur, Renaux et Bajulien. J'ai voulu porter un toast à ceux qui, succédant à nos mères, ont fait de nous des hommes, des Français et des chrétiens.

À nos bons Frères, à nos anciens Maîtres, qui presque tous sont réunis ici, en ce jour mémorable ! À ces amis de notre enfance, à ceux qui pour nous ont tout sacrifié, plaisirs, amitiés, famille et liberté !

Chers Camarades, il en est un parmi eux pour lequel vous avez une particulière affection, il en est un dont je regretterais de n'avoir pas été l'élève si je n'étais devenu son ami ; à celui-là, le modèle de ses frères, en même temps que l'admirateur ému de leurs vertus, je porte un toast tout spécial, et je lui souhaite bonne santé et longue vie, en ce jour de ses *Noces d'argent*. Il y a aujourd'hui vingt-cinq ans qu'il est au Pensionnat des Frères de Reims.

A cet humble religieux que notre grand Cardinal honore d'une si vive affection ; au fils dévoué du Très Honoré Supérieur général, au Cher Frère Victor ! *(Applaudissements enthousiastes.)*

Dans sa réponse, le Très Cher Frère Visiteur rend un hommage ému à ses prédécesseurs et à tous les Frères qui se sont dévoués à la rue de Venise :

MESSIEURS,

Vous venez de constater, à mon étonnement et à la surprise de toute cette Assemblée, combien M. le Président — d'accord avec un ou deux... complices — vient de me prendre en traître.

Aimable trahison, je le veux, mais trahison quand même.

Dans aucune des séances du Comité, que je sache, et certainement dans aucun des préparatifs du Cinquantenaire, il n'avait été fait mention des vingt-cinq années de résidence à Reims de votre Président d'honneur.

Avais-je donc oublié que vingt-cinq ans ont passé sur moi depuis l'année terrible où l'invasion, m'arrachant au Pensionnat de Thionville et à la paternelle affection du bon Frère Athanasius, me conduisait, jeune religieux, dans cette maison de Reims où m'attendaient tant de joies par un apostolat si consolant?

Non. — Mais il était naturel que la fête où nous rappelons le souvenir des Directeurs et des Frères qui ont formé cette maison, laissât dans l'ombre les Noces d'Argent de celui qui, venu après tant d'autres, n'a eu qu'à suivre les traditions et à moissonner ce qu'avaient semé les ouvriers couchés aujourd'hui dans le sillon.

J'accepte les vœux de M. le Président, et, dans ses paroles aimables, je vois un nouveau témoignage d'attachement à cette maison et aux Maîtres que vous y avez connus. J'y vois une nouvelle preuve de son amitié qui m'est précieuse, il le sait.

A mon tour, je vous convie, MESSIEURS, à applaudir les Chers Frères qui comptent vingt-cinq ans et plus de résidence au Pensionnat...

Aux Noces d'Or du vénérable Frère Arateur, depuis cinquante ans au Pensionnat ! Au Cher Frère Almyr, son compagnon en 1845 !

C'est à tous les religieux qui ont vécu au Pensionnat que je veux faire remonter le mérite de ce qui s'est accompli ici depuis vingt-cinq ans. Dieu seul sait, Messieurs, quelles sympathies fraternelles ont embaumé mes années de professorat à Reims, et quel concours tendrement dévoué m'a permis de ne pas laisser décliner l'œuvre de mes devanciers.

A tous ceux qui se sont dévoués au Pensionnat !

A l'Association Amicale, notre appui et notre gloire !

Quelle différence, entre nos joyeuses agapes et les dîners officiels, où les invités, souvent hauts en col, esquissent des rires calculés, suivis de grands trous de silence. Ici, rien des conventions formalistes et révérentielles; mais l'animation d'une causerie amicale et abandonnée, qui se suspend pour écouter une parole sympathique et continuer ensuite avec un nouvel entrain.

Pour la troisième fois, le Comité avait prié M. Chemin de porter le toast à l'Institut des Frères. Le charmant causeur, qui estime qu'en l'espèce le didactique est le plus court chemin de la monotonie à la satiété, laisse sa pensée fantaisiste suivre les sentiers d'aventure. Bien lui en a pris, puisque nos applaudissements, jugement plébiscitaire de l'Assemblée, ne lui sont pas ménagés :

MESSIEURS ET CHERS AMIS,

> A ce Pensionnat ! à notre cher asile !
> A ses cinquante ans glorieux !
> A son passé modeste ! à son présent fertile !
> A son avenir radieux !

Ne vous étonnez pas, Messieurs, de ce ton poétique; c'est le Comité qui l'a voulu. Est-ce parce qu'il compte dans son sein un Membre académique? ou parce que j'ai eu le malheur, au temps des illusions et des beaux rêves, d'aligner quelques alexandrins ?

Je l'ignore; mais ces Messieurs m'ont dit: « Faites-nous un toast en vers. » Hum !... c'est plus facile à dire qu'à ... faire. Je voudrais bien les voir à ma place !

Docile, cependant, j'ai fait signe à la Muse.

En pensant à ce beau jour, je sentais monter de mon cœur à mes lèvres le triomphal cantique de la reconnaissance ; déjà j'avais enfourché Pégase, comme on disait jadis, et bâti quelques périodes enthousiastes. Hélas ! la Muse capricieuse semait, comme à plaisir, les obstacles sous les pas de mon coursier. Au feu sacré de l'inspiration, elle opposait la douche glacée des césure, hémistiche, hiatus, etc... Et la Rime donc ! Croiriez-vous qu'elle voulait me faire assembler, à l'exemple des improvisateurs entendus jadis là haut, Bonaventure et confiture, Arbelle avec chandelle; puis, au souvenir des frères Michel et Romanien, Pensionnat et chocolat; puis encore, association avec administration !

Désespérant de vaincre la rebelle, j'ai pris un parti héroïque, et, n'en déplaise à mes... autorités, tout comme M. Jourdain, je parlerai en prose.

Je bois donc aux cinquante ans de cette Maison bien-aimée, cinquante ans de progrès et d'obscur dévouement, cinquante ans d'ingrats labeurs et de soins affectueux, cinquante enfin d'éducation chrétienne et virile.

Je bois à son passé bien humble et bien timide, à ces vieux murs, antiques témoins du travail d'autres ouvriers, à ces murs autrefois réfectoire et chapelle, à ces murs transformés par ceux dont je salue la mémoire vénérée.

Je bois au présent magnifique et splendide que nous avons sous les yeux, au présent tout plein de vie exubérante et de bonheur paisible, au présent que nous regrettons, maintenant que nous avons goûté aux amertumes de la vie.

Que ne sommes-nous encore, n'est-ce pas, Messieurs, à ce temps heureux et tranquille ! Les pensums et les retenues nous semblaient bien amers alors; mais qu'est-ce que cela auprès de la mévente des vins, l'avilissement du prix des céréales ou la feuille de contributions? Dans la balance de nos soucis et tracas, combien il faudrait de leçons à réciter ou de devoirs à faire, pour équilibrer la concurrence déloyale, les droits prohibitifs, la crise de l'industrie lainière ! Que sont les angoisses d'un examen auprès des larmes ou de la maladie de nos chers bébés?...

Vous dont la radieuse jeunesse s'épanouit comme une fleur en ce parc enchanté, jouissez bien de ce présent, — le passé pour nous. Jouissez-en : vous êtes à la saison des roses, et les épines ne sont pas loin...

Quand le temps nous permet de revenir en ces lieux, comme nos cœurs bondissent de joie! N'est-ce pas le sentiment que nous avons éprouvé, nous qui, si nombreux aujourd'hui, assistons à l'apothéose de notre Pensionnat? Profondément ému, je ne puis que dire, au nom de tous, à celui qui nous a procuré cette belle journée, le merci du cœur : Merci et longue vie au Frère Victor !

Je termine, MESSIEURS. L'avenir de cette maison?... Non... Dieu soutient ses œuvres ; son appui dissipe nos inquiétudes. Cet avenir, je veux l'entrevoir superbe et grandiose! Et d'ailleurs, son avenir, c'est nous, nous qui sommes légion maintenant, une légion de chrétiens convaincus, aimant nos Maîtres religieux et sachant apprécier le viril enseignement et l'invincible foi qu'ils donnent à leurs élèves.

Oui, nous aimons nos Maîtres, et c'est dans cet amour que je puise tout ce que j'ai de forces pour vous dire : Allons, MESSIEURS, debout pour acclamer nos Maîtres, debout pour acclamer notre cher Pensionnat! Qu'en ce jour solennel jaillisse de nos poitrines un cri généreux et vibrant : *Vivent les Frères !*

Le Très Cher Frère Léonce, directeur du Pensionnat de Longuyon, remercie M. le Président du souvenir affectueux gardé par les anciens élèves à leurs professeurs. Il rappelle ce qu'était le Pensionnat à sa très modeste origine, et salue une fois encore les Directeurs qui s'y sont succédé :

MONSIEUR LE PRÉSIDENT,

C'est bien à tort que vous vous accusez d'incompétence en matière de toast. Vous avez les délicatesses de la mémoire du cœur; n'est-ce pas la source de la meilleure éloquence ?

Vous nous avez ramenés vers ces temps où les ouvriers de la première heure préparaient l'épanouissement de l'œuvre d'aujourd'hui.

Il y a cinquante ans, Reims était loin de son développement actuel : on y espérait un chemin de fer. Vous vous rappelez, chers anciens, la baraque en planches qui fut d'abord la gare.

En la quittant, le voyageur n'avait à admirer que des ormes séculaires aujourd'hui disparus; puis il s'engageait, par la place Drouet-d'Erlon, dans la rue du Bourg-Saint-Denis et la rue Neuve, sur laquelle venait déboucher une artère de minable apparence. Des masures sans étage bordaient un chemin de raisonnable largeur, mais aux aspérités dangereuses; cela s'appelait la rue de Venise.

Au n° 29, une porte cochère laissait entrevoir un double hangar mansardé, et, à la suite, quelques ormes verts ombrageant une joyeuse jeunesse dont l'élite se retrouve aujourd'hui au même lieu, mais métamorphosée à un tel point, *qu'en vertu des lois de la pesanteur des ans*, les belles chevelures blondes et noires sont devenues barbes grises.

Ceux qui ont été témoins de ces premiers âges et voient aujourd'hui la splendeur du Pensionnat, ne peuvent s'empêcher d'appliquer aux anciens Maîtres ici présents les paroles du Psalmiste : « Ils pleuraient en jetant leur semence; ils sont revenus joyeux, portant des gerbes dans leurs mains. »

Toutefois, je me hâte d'ajouter que les larmes des premiers semeurs étaient moins des larmes de tristesse que des larmes de joie : la semence tombait en terre si belle et si bonne!

La preuve, c'est l'épanouissement chrétien qui s'est manifesté dans la vieille cité et ses environs.

La série des générations qui vous ont succédé, Messieurs, jusqu'à ce jour dans ce cher Pensionnat, a prouvé qu'ici la dégénérescence n'existe pas.

Au contraire. A l'inspiration initiale, à l'impulsion première, dont la vitesse croît avec les années, est venue se joindre une cause nouvelle de progrès. Votre Association amicale, Messieurs, apportait un fécond élément de prospérité à ce bel établissement qui vous est cher, et dont elle est la couronne.

Ah ! si tous les anciens Professeurs se trouvaient ici réunis, quelle fierté en vous contemplant! J'en juge par notre émotion, à nous, que la délicatesse du Très Honoré Frère Supérieur Général et du Très Cher Frère Visiteur a rappelés, pour cette belle journée, dans notre cher Pensionnat.

Je vous remercie, Monsieur le Président, d'avoir souligné comme ils le méritent, trois noms aussi vénérables aux anciens Maîtres qu'aux anciens Élèves.

Le Frère Adorateur, le chef des ouvriers de la première heure, remarquable par son indomptable et calme énergie, son intelligence administrative, l'était plus encore par son incomparable talent d'éducateur religieux. Quelle foi ! et quelle habileté à la communiquer ! Comme il sut deviner, Chers Messieurs, les ressources qu'offraient à son zèle vos qualités et même vos défauts !

Le Frère Renaux ne le lui cédait en rien. Qui de vous ne se rappelle la paternelle bonté de ce religieux si habilement discret, si prudent et si humble ?

La sympathique figure du Frère Bajulien est loin d'être oubliée : sa grande âme et sa sagacité administrative revivent dans les constructions grandioses qui nous abritent, et qui rediront ses qualités à ceux qui n'eurent pas le bonheur de le connaître.

Tous les trois s'applaudissent d'avoir si bien interprété, à Reims, la pensée du Bienheureux Jean-Baptiste de La Salle, en créant ce bel Établissement, en lui communiquant une si consolante fécondité religieuse, et surtout, en se donnant pour successeur celui dont l'esprit fin, le zèle infatigable, l'éloquence persuasive, le généreux dévouement et le grand cœur, suscitent et retiennent tant de sympathies.

Éminence, je ne crois pas trop avancer en voyant au-dessus de nous ce que j'appellerai « le Pensionnat du Ciel », la société de ceux qui furent nos compagnons, et que Dieu a couronnés. Il me semble que le Très-Haut leur donne aujourd'hui de contempler leur œuvre florissante, de se réjouir de la reconnaissance de leurs enfants et des illustres patronages qui font cette œuvre prospère.

Son Éminence donne ensuite la parole à Mgr de Verdun, « qui a besoin de dire tous les sentiments qu'il éprouve » :

Il est vrai, Messieurs, que j'éprouve le besoin de dire ce que mon cœur ressent si vivement et si joyeusement. J'ajouterai donc mon humble note à ces flots d'harmonie où la reconnaissance et la foi tiennent si bien leur partie.

Mes vœux iront tout d'abord à Son Éminence, que je remercie pour toutes les œuvres apostoliques dont elle est l'âme.

Je la remercie au nom de cette Maison, dont elle est le protecteur et le père ;

Je la remercie au nom des Anciens du Pensionnat, vieillis ou jeunes gens, qui ont reçu d'elle tant de preuves de bonté ;

Je la remercie au nom des Élèves de cette Maison, sur qui elle fonde de si légitimes espérances ;

Je la remercie au nom de la Religion, dont elle est le défenseur, le porte-parole écouté ;

Je la remercie au nom des Prêtres du Diocèse de Reims, unis à elle par les sentiments d'une sympathie faite d'admiration et d'amour ;

Je la remercie enfin, comme Évêque, au nom de l'Épiscopat français, dont elle est le chef obéi et acclamé.

Éminence, permettez-moi d'insister un peu. Je me demande quelle gloire vous manque, quel fleuron fait défaut à votre couronne. C'est de vous que viennent les fécondes initiatives ; c'est à vous que Rome s'adresse pour l'accomplissement des grands desseins ; c'est vous que l'Orient acclame comme le messager de la paix, c'est vous que les Ouvriers chrétiens choisissent pour leur guide et leur mandataire auprès de Léon XIII.

Les limites de votre diocèse ne sont pas celles de votre zèle. Au delà des frontières de l'Europe, vivent des communions dissidentes que Léon XIII veut ramener au bercail commun. A qui s'adressera-t-il ? Pas à d'autre qu'à vous. Vous serez son Légat, vous irez porter au Levant la parole du Christ ; les préjugés se dissiperont, et, pour nos frères séparés, commencera une ère nouvelle.

Mais voici que dans notre chère France, — dont les défaillances n'égaleront jamais la générosité, — une savante persécution s'attaque à l'Église en s'efforçant d'en détruire les avant-postes. Qui donc élèvera la voix pour défendre nos ordres religieux ? C'est vous, Éminence, et l'unanimité des suffrages qui vous approuvent ramène dans les cœurs le courage et la confiance.

Et dans un prochain avenir, je vois les pèlerinages de tous les diocèses se rendre au tombeau de saint Remi, où vous leur avez donné rendez-vous. C'est la France qui vient se faire rebaptiser là où le premier de ses rois choisit le Christ pour chef des Francs. Nous y viendrons, Éminence, heureux de voir le concours des fidèles autour du Remy du xixe siècle !

J'interprète les sentiments de tous, en parlant de cette gloire chère à l'Église, de cette gloire qui illumine d'un spécial éclat le diocèse de Reims et cette Maison, dont vous honorez les fêtes cinquantenaires.

Je ne m'étonne pas, Messieurs, du développement providentiel de votre Pensionnat : Reims est la ville des grands berceaux. C'est le berceau de la France chrétienne, de J.-B. de La Salle, et demain, celui de la France rebaptisée. J'ajoute, le berceau de cette maison, et cela vaut qu'on y insiste, puisque du Pensionnat de la rue de Venise sont sorties des légions d'hommes instruits et croyants.

Les Noces d'Or du Pensionnat ne ressemblent pas aux fêtes semblables qui se célèbrent dans les familles humaines.

Un demi-siècle de mariage, c'est bien lourd !... Que vois-je, à ces noces d'or ? Deux vieillards qui défaillent sous le poids des ans, entourés, soutenus par des enfants et des petits-enfants joyeux de les vénérer, mais attristés par l'inexorable certitude que cette cérémonie est le prélude d'une autre, qui se passera bientôt autour d'un cercueil...

Ici, ni déclin, ni décrépitude. Le Pensionnat de Reims, qui semble boire chaque matin à la fontaine de Jouvence, marche de progrès en progrès.

Grâces en soient rendues à Dieu, qui bénit tout dévouement ; au B. de La Salle, qui sourit à cette maison et veut qu'à son berceau ses œuvres soient plus prospères ; à Votre Éminence, qui lui multiplie ses encouragements ; au vénéré Frère Joseph, Supérieur général, qui la réjouit de sa paternelle affection ; au Cher Frère Victor, ce grand éducateur qui a le secret de charmer tous ceux qui l'approchent ; aux Maîtres et aux Aumôniers, dont les intelligentes sollicitudes trouvent aujourd'hui une si consolante récompense ; à vous, enfin, les Anciens, qui entourez vos « Chers Frères » d'une si chaude sympathie.

Chers Élèves, que cette maison soit votre École militaire, votre École polytechnique de l'Église de Dieu. Trop de dévouements vous sollicitent : vous ne pouvez sortir d'ici qu'officiers dans l'armée de Jésus-Christ, prêts à tous les combats, à toutes les saintes audaces, à toutes les fécondes initiatives.

Allez, et défendez les droits imprescriptibles et les saintes libertés !

Nous vous applaudirons ; et si, vaincus par l'âge et les fatigues, nous ne pouvons vous suivre, nous vous contemplerons, et après la victoire nous serons fiers de vous !

Mgr le Cardinal termine la série des toasts par ces paroles élevées :

Si le Frère Victor a pu se plaindre qu'on l'avait trahi, que dira le Cardinal ?...

Malgré ce que ses éloges ont d'excessif, je remercie de sa sympathie le cher Évêque de Verdun, si digne de voir bientôt la Vénérable Jeanne d'Arc honorée d'un culte public.

En terminant, MESSIEURS, je vous livre une pensée.

Pourquoi tant de grâces dans la naissance, les progrès et le développement des œuvres de J.-B. de La Salle ? Pourquoi aujourd'hui tant de joie dans l'âme des anciens et des jeunes, dans le cœur des maîtres, revenus après vingt et trente ans d'absence ? Pourquoi, sinon parce qu'il s'agit d'une œuvre d'éducation, d'une œuvre divine au premier chef ? d'une œuvre basée sur les continuels dévouements d'âmes sacrifiées à la gloire de Dieu,— au bien des petits et des faibles ?

Est-il au monde entreprise plus importante ? Est-il héros plus digne des acclamations de l'univers que le saint Chanoine rémois ?

Voulez-vous, MESSIEURS, que, profitant de cette réunion, nous adressions au Pape Léon XIII une humble et pressante prière, afin qu'il lui plaise de hâter la cause de canonisation du B. J.-B. de La Salle ? *(Applaudissements.)*

Traduisons en acte cette résolution. — Frère Victor, vous qui savez si bien parler et qui écrivez de même, vous rédigerez la supplique que nous signerons tous.

Et Léon XIII, touché de nos instances, nous donnera de voir bientôt réalisé notre vœu le plus cher.

Il est trois heures. Nous reprenons dans les cours de joyeuses conversations, jusqu'au Salut du Très Saint Sacrement, donné par Mgr Pagis. La première partie de la fête s'achève, et si remplie, que le moment venu de se séparer nous laisserait un regret, si le concert ne devait nous rappeler encore au Pensionnat.

CONCERT

Le Très Cher Frère Victor avait gracieusement invité les anciens élèves et leurs familles à venir écouter le concert du soir, dans les jardins du Pensionnat.

Des cordons de verres multicolores dessinent les corniches des bâtiments, et courent sous les arcades de feuillage des camps. Des ballons vénitiens complètent cette belle illumination.

A huit heures précises, — car il faut que les musiciens se rendent ensuite au concert du Concours régional (1), — l'orchestre et les chœurs commencent, avec un remarquable entrain, l'exécution du programme annoncé.

PREMIÈRE PARTIE

1. *Jeanne d'Arc*, allegro, par la Fanfare .... J.-M. BONJEAN.
2. *Le Serment*, ouverture, par l'Orchestre .... AUBER.
3. *Le Cinquantenaire*, chœur chanté par tous les Élèves du Pensionnat, avec accompagnement d'orchestre...................................... L. MALFAIT.
4. *Souvenir de Nice*, fantaisie, par la Fanfare..... A. TEISSIER.
5. *Sevilliana*, boléro pour orchestre................ L. MALFAIT.
6. *Coquelicot*, fantaisie pour fanfare de trompes ... SOMBRUN.

DEUXIÈME PARTIE

1. *Marche triomphale de Jeanne d'Arc*, pour orchestre...................................... L. MALFAIT.
2. *Souvenirs*, chœur chanté par tous les Élèves du Pensionnat, avec accompagnement d'orchestre.. X***

(1) Le Concours régional d'agriculture, auquel participèrent vingt et un départements, dura du 16 au 23 juin. Le Pensionnat avait exposé les produits de ses champs d'expériences et les collections destinées au cours d'agriculture, donné avec tant de compétence par notre camarade le Cher Frère Paul Il obtint une médaille d'or, la seule réservée aux expositions scolaires.

3. **Le Papillon métamorphosé**, fantaisie par la Fanfare...................................... RYEMBAULT.
4. **Le Moulin de la Forêt-Noire**, idylle........... E. EILENBERG.
5. **Le Rendez-Vous de chasse**, pour fanfare de trompes .... ROSSINI.

Retraite aux Flambeaux.

Avec les derniers accords de la retraite aux flambeaux se terminent les fêtes mémorables du Cinquantenaire.

Y a-t-il apparence que, professeurs et élèves, nous nous trouvions encore ainsi réunis? La canonisation promise du B. de La Salle nous donnera cette joie, nous l'espérons.

Quoi qu'il en soit, nous emportons de cette journée de fortifiants souvenirs, une généreuse résolution d'affirmer hautement notre christianisme, et un attachement plus sincère que jamais pour les religieux dont l'affection à notre égard est si profonde et si élevée.

ADRESSE DU LIVRE D'OR DU CINQUANTENAIRE

Au Très Cher Frère VICTOR,

*Directeur du Pensionnat des Frères de la rue de Venise
et Visiteur de la Province de Reims.*

Nous ne voulons pas, Très Cher Frère Visiteur, laisser s'éteindre cette inoubliable journée du 23 juin 1895 sans en avoir assuré et conservé le souvenir par un nouveau et collectif témoignage de fidélité à notre cher Pensionnat. Nous déposons donc entre vos mains ce modeste recueil, où veulent encore une fois s'affirmer, sous la sincérité de nos signatures, notre mémoire reconnaissante du passé, notre respectueux attachement dans le présent, et notre inébranlable confiance en l'avenir.

Nous osons nous flatter que, même dans sa simplicité, cet humble monument, élevé par des mains filiales, ne sera pas pour vous sans quelque éloquence.

Aux heures trop fréquentes de soucis et d'épreuves, ouvrez et parcourez ces pages : elles vous rappelleront qu'ils étaient là, pressés à vos côtés, en la belle Fête du Cinquantenaire du Pensionnat de Reims, tous ceux qui, d'une main ferme et joyeuse, ont voulu fixer ici des noms exhumés peut-être de la poussière de l'oubli.

Oui, tous, ils étaient là : — Les uns, avec des fronts déjà blanchis sous la neige des ans, ou ridés par les fatigues, avec des visages hâlés au soleil des champs, ou pâlis au labeur de l'étude ; — les autres, dans l'épanouissement d'une pleine maturité, ou sur le seuil d'une virile jeunesse ; — ceux-ci, couronnés de l'auréole sacerdotale, ou revêtus du noble habit des Disciples de J.-B. de La Salle ; ceux-là, justement fiers de porter les couleurs de la France : — Mais tous, ils étaient là, avec le même regard de franche et limpide allégresse, avec le même cœur demeuré vaillant et jeune.

Ils étaient là, les anciens de 1845, les premiers nés de cette immense et déjà vieille famille, dont le Bienheureux a si visiblement protégé le berceau ; — les survivants de cette époque quasi préhistorique, que domine la grande et belle figure du Très Cher Frère Adorateur.

Ils étaient là, les contemporains du Très Cher Frère Renaux, évoquant les souvenirs déjà lointains de cette bonté calme, de cette sereine et tranquille sagesse, sous l'immobilité apparente de laquelle se révélait une âme d'une exquise délicatesse et d'une haute vertu.

Ils étaient là, les jeunes hommes instruits aux leçons et façonnés par le dévouement du Très Cher Frère Bajulien, revivant avec fierté les années de cette brillante et féconde période qui a vu donner au Pensionnat son admirable essor.

Ils étaient là enfin, Très Cher Frère Victor, plus nombreux encore et plus enthousiastes, tous ceux qui ont été les enfants heureux de votre inépuisable et chaude tendresse, tous ceux au cœur desquels vous avez à jamais allumé cette ardeur passionnée du beau et du bien, qui consume le vôtre.

Et cependant, il est des signatures qui ne prendront point ici leur place. Combien la mort en a-t-elle figé, de ces mains qui eussent tracé à côté de nos noms, des noms amis et fidèles !..... Notre commune affection unira leur souvenir au souvenir des bons Frères dont Dieu a déjà couronné le dévouement au séjour de l'immuable félicité.

Et toi, cher Pensionnat, ne tressailles-tu pas, au contact de ces réminiscences, tour à tour mélancoliques ou joyeuses ? Nous reconnais-tu, nous, les enfants impatients et rieurs des lointaines années ? — Pour nous, non seulement tu n'as point vieilli, mais tu nous apparais dans l'épanouissement d'une éternelle jeunesse, et dans le rayonnement d'une prospérité morale et chrétienne incomparable.

A travers tes splendides métamorphoses, sous le rideau de fleurs et de feuillage dont tu t'es paré, nous retrouvons sans peine les vestiges de ton humble origine : — Voilà les classes où, d'un esprit avide, nous avons recueilli les enseignements de la science et de la vertu ; — plus loin, sous ces arbres quasi séculaires, nous nous sommes livrés à nos bruyants ébats ; — mais voici surtout la place de la modeste chapelle où nous avons vécu l'heure la plus pure et la plus belle de toute notre vie.

Et tandis que nous allons, nous, continuer à vieillir, nous acheminant d'un pas lent ou rapide vers l'inévitable terme, après nous être arrêtés un moment aux souvenirs pénétrants d'une jeunesse disparue ; — toi, cher Pensionnat, sous la perpétuité d'une direction inspirée de l'esprit de Dieu, illuminée par la science, et fécondée par le plus pur dévouement, tu maintiendras à travers le monde les traditions de foi et d'honneur qui ont fait ta gloire ; — tu fortifieras, pour les luttes de l'avenir, des générations à l'âme chrétiennement virile, au cœur généreusement ardent, au caractère vigoureusement trempé, qui marcheront aux rudes combats de la vie sociale, armées de ce double et fort amour que lui auront inspiré les Fils du Bienheureux de La Salle : l'amour de Dieu et l'amour de la France.

Reims, le 23 juin 1895.

(Suivent les signatures.)

48766 — Imprimerie coopérative de Reims (N. Moser, dir.), rue Pluche, 24.

www.ingramcontent.com/pod-product-compliance
Lightning Source LLC
LaVergne TN
LVHW012055030726
842523LV00002B/537